MAI 1832.

COMMENTAIRES

QUI ACCOMPAGNAIENT

LE

PROJET D'ORDONNANCE

SUR LE SERVICE

DES ARMÉES EN CAMPAGNE.

DU 3 MAI 1832.

IMPRIMERIE DE DEMONVILLE,
rue Christine, n° 2.

COMMENTAIRES

QUI ACCOMPAGNAIENT

LE

PROJET D'ORDONNANCE

SUR LE SERVICE

DES ARMÉES EN CAMPAGNE.

DU 3 MAI 1832.

Paris,

ANSELIN SUCCESSEUR DE MAGIMEL,

LIBRAIRE POUR L'ART MILITAIRE, LES SCIENCES ET LES ARTS,

Rue Dauphine, n° 9.

1832.

APERÇU HISTORIQUE

SUR

LES ANCIENS RÈGLEMENS

DU SERVICE DE CAMPAGNE.

Avant de passer à l'abrégé de l'examen général et comparatif que j'ai fait de nos règlemens de campagne, il convient peut-être d'en présenter l'historique, afin d'éclairer davantage sur leur véritable valeur, et de commencer aussi par répondre à cette assertion si souvent répétée, *qu'ils sont bons et qu'on ne saurait en faire de meilleurs.*

C'est en faveur du règlement de 1788 que le pré jugé est le plus généralement établi.

Or, M. *de Guibert*, dans son mémoire adressé au public, déclarait que ce *règlement avait été rédigé avec précipitation, et qu'il avait besoin d'être éprouvé dans les camps par brigades.* Aussi n'a t-il pas été publié comme définitif: le préambule et l'observation qui terminent le règlement annoncent *qu'il n'est que provisoire et qu'il sera essayé dans les camps*, etc.

Il n'est pas non plus complet; toutes les parties pour la guerre manquent : on y promet qu'on s'occupera plus tard :

1° *De quatorze titres dont il présente la nomenclature;*

2° *De l'instruction pour le campement;*

3° *Du service des ordonnances;*

4° *De la composition, de la constitution et du service des états-majors;*

5° *Du rang et du service, dans les armées, des officiers supérieurs du génie et de l'artillerie;*

6° *Du transport des effets de campagne; des valets des équipages et de l'artillerie attachés aux troupes.*

Ce règlement de 1788, n'eût-il point été rédigé avec précipitation, et eût-il même, après des épreuves dans les camps, pris une forme définitive, ne serait donc point absolument bon et ne pourrait remplir son objet, puisqu'il y manque tant de choses essentielles pour les armées en campagne. Le règlement de 1792, par cela seul qu'il est complet, *ne pourrait être regardé comme une copie de celui de* 1788, ainsi qu'on le croit communément, quand même il ne reproduirait pas celui de 1778, non-seulement pour les titres qui manquaient à celui de 1788, mais le plus souvent pour les autres.

Pour la cavalerie, on n'a pas fait de règlement en 1792 : il n'existe pour cette arme que celui de 1788, qui n'était que provisoire, comme celui de l'infanterie; il était en outre également incomplet; en sorte qu'il fallait en même temps se servir de celui de 1778.

Ce dernier règlement, qu'on était forcé d'employer comme complément des deux précédens, n'a pas plus été rectifié que ceux-ci. Il est moins officiel encore puisqu'il n'a été confirmé, ni provisoirement, ni définitivement par le Roi, ni par le Ministre. Il appartient d'ailleurs à la constitution militaire de 1776, déjà assez différente de celle de 1788, et par conséquent très-éloignée de celle de nos jours.

On fut cependant fort heureux de le trouver, tout imparfait qu'il était, en 1792, époque où le ministère passait d'une main dans une autre, et où la France était menacée. Ces circonstances ne laissant le temps ni de corriger ni d'achever le règlement de 1788, celui de 1778 reparut sous la date de 1792, avec quelques dénominations et quelques changemens amenés par la constitution de 1791.

C'est encore de ce règlement que s'est formé celui de 1809, où l'on ne trouve pour tout changement que quelques dispositions nouvelles ajoutées aux anciennes conservées en 1792 (1). Le règlement de 1809 a servi de base à une instruction publiée en 1823, mais sans caractère officiel; cette instruction est loin d'être complète, et se ressent trop de la précipitation avec laquelle on a été forcé de la rédiger.

---

(1) Le travail fut repris en 1811 avec aussi peu de succès. Appelé officiellement à s'en occuper, l'auteur du projet nouveau rassembla ses notes et ses souvenirs de quatorze campagnes instructives, et mesura dès-lors la tâche dont il s'acquitte aujourd'hui.

Le service de campagne doit nécessairement se coordonner avec le service des places et avec celui de l'intérieur. Cette combinaison qu'avait résolue le maréchal Saint-Cyr à qui le temps manqua pour la réaliser, vient d'être adoptée par l'illustre maréchal qui dirige aujourd'hui avec tant de sagesse le département de la guerre.

On est donc obligé, pour trouver des règlemens qu'on puisse appeler réguliers, de remonter à ceux de 1753 et 1755, faits dans l'esprit de la constitution militaire de 1750, et du service suivi en campagne pendant la guerre qui se termina en 1748. Encore ces règlemens, bien que préférables à tout ce qui existait alors, ne sont-ils pas plus complets que les autres, et ne reposent-ils que sur les ordonnances de 1737 et 1742, basées elles-mêmes sur celles du siècle précédent. Cependant, on verra que ces règlemens de 1753 et 1755, ont, malgré leur ancienneté, servi de type à tous les règlemens postérieurs.

Telle est la manière dont se sont formés tous nos règlemens. Ce procédé s'étendait à tout et subsistait depuis long-temps. En décembre 1788, le comte de Guibert, dans le rapport qu'il fit au conseil, en lui présentant le plan du Code, dit formellement qu'alors *les ordonnances existaient éparses, morcelées et perdues dans un chaos impénétrable de vieilles et de nouvelles lois que peu de gens possèdent et que personne ne peut ni retenir, ni consulter.*

On sait que peu de mois après cette déclaration, au commencement de 1789, tous les travaux du conseil cessèrent, et qu'on était loin, cependant, d'en avoir rempli l'objet. Ainsi on resta dans le chaos et la confusion que le conseil avait entrepris de débrouiller, et que vinrent augmenter bientôt toutes nos lois de circonstance.

Il résulte de cet exposé que notre législation est un mélange d'élémens de constitutions militaires différentes, ou même opposées entre elles, et qu'elle n'est pas complète. Ces raisons demanderaient impérieusement une refonte générale, et, en effet, elle a déjà été commencée à deux époques différentes par les comtes de Cessac et Daru. Mais, si l'on considère que pendant les trente années de paix que nous avons eues, depuis 1763 jusqu'à 1792, on n'a pu avoir, pour ce qui regarde la guerre, aucun moyen d'expérience; que les rédacteurs des réglemens de 1778, 1788 et 1792, règlemens faits dans les mêmes principes, et presqu'uniformes dans les détails, n'ont pu s'aider que des exemples fournis par la guerre de 1759 et les guerres antérieures, cette révision, en ce qui concerne le service de campagne, paraîtra d'une bien autre nécessité; car il serait évidemment impossible qu'après un laps de temps aussi considérable, et avec la prodigieuse différence entre les armées et la guerre d'alors, et les armées et la guerre d'aujourd'hui, les mêmes réglemens convinssent en tout point; on devrait s'étonner, au contraire, qu'ils pussent convenir encore en quelque chose.

Le règlement de 1809 ayant été rédigé à la guerre, a participé des pratiques nouvelles. Il est, d'ailleurs, le dernier empreint du caractère officiel. Il est donc le type naturel des règlemens ultérieurs. Aussi a-t-on dû en embrasser l'ensemble et le suivre dans ses détails pour en fonder un nouveau.

Pour faire connaître parfaitement tous les motifs qui ont nécessité un système et un ordre différens, on fera suivre cet aperçu sur nos divers règlemens de campagne d'un extrait analytique de l'*examen complet et comparatif*, fait par l'auteur, *de chacun des articles du règlement de* 1809, *en regard de chacun des articles correspondans des règlemens qui l'ont précédé.* Ce travail, auquel on donnera le titre de *Commentaires*, montre, autant qu'il est possible, l'origine de toutes les dispositions avec les motifs des changemens qu'elles ont successivement éprouvés, soit dans les ordonnances et les diverses constitutions militaires, soit dans la pratique; on a pu ainsi ne négliger rien d'utile, et ne rien conserver d'opposé à l'organisation moderne des corps et des armées.

On a ajouté beaucoup de détails, notamment sur la cavalerie, les grand'gardes, les reconnaissances, les flanqueurs et la défense des places, qui n'étaient pas dans le règlement de 1809. La table comparative ci-après indiquera comment les 39 titres de ce règlement ont été classés et réduits à 21.

Table

PRÉSENTANT EN REGARD

DES TITRES DU PROJET,

LES TITRES CORRESPONDANS

DU RÈGLEMENT DE 1809.

TITRES DU PROJET.	TITRES DU RÈGLEMENT DE 1809.
Ier. *De l'organisation de l'armée et de ses états-majors.*	9. De l'organisation de l'armée et de ses états-majors. 3. De la formation des brigades. 2. Des revues d'entrée en campagne. 35. Des revues de la fin de la campagne.
CHAP. Ier. De l'organisation générale de l'armée. CHAP. II. De l'état-major général. CHAP. III. De l'état-major de l'artillerie et de celui du génie. CHAP. IV. De l'intendance militaire. CHAP. V. Des ordonnances. CHAP. VI. Des soldats près des officiers.	
II. *Bases du service intérieur en campagne.*	12. De la retraite, appels et autres règles du camp. 13. De l'assemblée, inspection et départ des gardes et détachemens.
III. *Des camps et des cantonnemens*.	4. Du campement. 5. De l'établissement dans le camp. 39. Instruction pour le campement de l'infanterie. 34. Des cantonnemens de la fin de la campagne. 38. Des camps de paix et d'exercice.

TITRES DU PROJET.	TITRES DU RÈGLEMENT DE 1809.
IV. *Des ordres*............ V. *Du mot d'ordre*.........	11. De l'ordre et du mot.
VI. *De l'ordre à observer pour commander le service*.....	7. De l'ordre à observer dans les brigades et dans les régimens pour commander le service, et de la composition des détachemens et des gardes. 10. De l'ordre à observer dans l'armée pour commander les gardes et détachemens. 8. Des officiers supérieurs de piquet.
VII. *De la garde de police et du piquet*...............	6. De la garde de police, de la garde du camp et du piquet.
CHAP. Ier. De la garde de police. CHAP. II. Du piquet.	
VIII. *Des grand'gardes et autres postes extérieurs*.....	14. Du service des gardes dans leurs postes. 15. Instruction particulière pour tout officier commandant dans un poste fermé. 16. Des sentinelles.
IX. *Des détachemens*.....	17. Des détachemens, du rang que les troupes y garderont entr'elles, et du rang que les officiers tiendront entr'eux pour les commander.
X. *Des reconnaissances*. . .	Manquait.
CHAP. Ier. Reconnaissances journalières. CHAP. II. Reconnaissances spéciales. CHAP. III. Reconnaissances offensives. CHAP. IV. Rapports sur les reconnaissances.	
XI. *Des partisans et des flanqueurs*.	30. Des partis.
XII. *Des marches*.	19. Des marches.
XIII. *Instruction sommaire pour les combats*.	20. Instruction pour les jours de combat.
XIV. *Des convois et de leur escorte*.	18. Instruction pour les commandans de détachemens et escortes de convois.
XV. *Des distributions*....	26. Des distributions. 27. Des fourrages.

TITRES DU PROJET.	TITRES DU RÈGLEMENT DE 1809.
XVI. *Des équipages, des vaguemestres, des vivandiers, des blanchisseuses et des marchands à la suite de l'armée.............*	1. Des préparatifs de campagne: des équipages des officiers généraux, supérieurs et particuliers; équipages des corps, ordre pour leur marche, et fonctions des vaguemestres des corps.
	22. Vivandières, blanchisseuses et marchands à la suite de l'armée.
	21. De l'ordre des équipages, et du vaguemestre général du grand quartier-général.
XVII. *Gendarmerie, police générale..............*	23. Police et discipline.
	24. Répression des délits.
	25. Gendarmerie.
XVIII. *Des sauve-gardes...*	29. Des sauve-gardes.
XIX. *Des siéges..........*	36. Des siéges.
XX. *De la défense des places.*	37. De la défense des places en état de siége.
XXI. *Dispositions générales.*	31. Des honneurs militaires....... (Supprimés)
	32. Des honneurs funèbres militaires. (Supprimés)
	33. Des décès, scellés, inventaires, successions et testamens...... (Supprimés)
	8. De l'entrepôt des convalescens. (Supprimé d'après les motifs exposés dans l'extrait analytique du titre IV du règlement de 1809.)

Commentaires

QUI ACCOMPAGNAIENT

LE PROJET D'ORDONNANCE

SUR LE SERVICE

DES ARMÉES EN CAMPAGNE.

TITRE PREMIER.

DE L'ORGANISATION DE L'ARMÉE ET DE SES ÉTATS-MAJORS.

Extrait analytique de l'examen des titres II, III, IX *et* XXXV *du règlement de* 1809, *fondus dans le titre* 1er *du projet.*

Le titre II, *des revues d'entrée en campagne*, veut que les généraux s'assurent « si les corps sont en état, examinent les fournitures, désignent les hommes malingres ; » — mais il ne prescrit point de mesures à prendre pour chacun de ces trois cas. S'assurer si les corps sont en état, et ne pas ordonner les réparations nécessaires, examiner les fournitures, et ne pouvoir prononcer sur leur durée; désigner les hommes malingres, sans leur assigner de destination, sont des opérations qui ne donnent de résultat ni pour le gouvernement, ni pour les troupes.

Ces soins d'ailleurs, pour le bon état des troupes, sont indispensables dans tous les instans; ceux au contraire qui intéressent les préparatifs de guerre ne peuvent jamais être indiqués, publiés ni ordonnés par un règlement de campagne; ils doivent être l'objet d'instructions souvent secrètes et particulières pour chaque corps, en raison de ses besoins et de sa destination.

Le titre XXXV, *des revues de fin de campagne*, veut qu'avant que l'armée se sépare, « des officiers généraux désignés fassent des revues pour connaître la quantité de recrues dont on aura besoin, les moyens que les corps auront pris pour s'en procurer et, enfin, les remplacemens à faire. » Ces dispositions appartiennent au temps où les corps étaient chargés de leur recrutement, et où des officiers généraux étaient appelés à fixer leurs dépenses et leurs remplacemens ordinaires.

Il serait préférable, à l'égard des dispositions de ces deux titres, de ramener les généraux aux devoirs qui leur sont tracés par les constitutions de 1776, 1788 et 1791, et surtout d'obliger les généraux des brigades à s'occuper avec sollicitude, même hors des marches et des combats, des corps qui leur sont confiés ; c'est le seul moyen d'y entretenir l'ordre et d'y prévenir l'arbitraire. A ces trois époques marquantes dans les annales de notre législation militaire, on persista dans la suppression des inspecteurs généraux, afin que les généraux s'occupassent seuls des corps sous leurs ordres, et se rendissent ainsi plus habiles à les conduire. Il ne peut d'ailleurs en être autrement, du moins en campagne ; on conçoit qu'il serait réellement impossible à des inspecteurs généraux d'exercer leurs fonctions à l'égard de troupes actives, dont ils n'auraient pas le commandement. Mais de nombreuses garnisons, dans les grandes places, permettraient en temps de paix le maintien de divisions actives ; elles entretiendraient parmi les généraux et dans les corps la pratique du service et l'instruction de guerre ; elles mettraient obstacle à ces exigences minutieuses, inutiles et même nuisibles.

Le titre III, *de la formation des brigades*, pris dans le règlement de 1753, époque où l'armée n'était pas formée en divisions, devait naturellement se fondre dans le titre de l'organisation.

DE LA FORMATION DE L'ARMÉE.

Le titre IX, *de l'organisation de l'armée et des états-majors généraux*, ne donne aucune idée de la composition de nos armées.

L'art. 1er « veut qu'il soit fait un tableau de l'ordre de bataille, et que les généraux y soient placés suivant les ordres du ministre et les dispositions du général de l'armée. »

Il y a ici conflit entre ces deux autorités, le général en chef seul doit être juge de la capacité de ses généraux; leur emploi dépend en outre de la qualité des diverses troupes, de la nature et du théâtre de la guerre, etc.

De même, il faut que la destination donnée aux officiers généraux, au commencement d'une campagne, ne soit point invariable, et qu'on puisse charger les moins anciens d'un commandement supérieur ou principal. Tous les souverains qui ont commandé réellement leurs armées ont établi ce précédent; il convient donc que leurs pouvoirs passent à ceux qui les représentent dans le commandement supérieur d'une armée.

Très-anciennement, il est vrai, le commandant en chef devait laisser les officiers généraux choisir, d'après leur rang, leur commandement. Le maréchal de Turenne s'affranchit le premier de cet usage : il plaça les généraux comme il le jugea convenable. Louis XIV, par une ordonnance de 1703, établit en principe ce qu'avait fait le maréchal, et les successeurs de ce monarque n'ont rendu, que je sache, aucune ordonnance contraire à cette disposition. Le règlement de 1788 l'a consacrée de nouveau, et je crois essentiel de la maintenir, parce que si un ou plusieurs commandemens importans viennent à vaquer, il est souvent trop long d'attendre les ordres du ministre, ou imprudent de consulter le rang et l'ancienneté des généraux.

L'art. 2 partage l'armée en divisions d'infanterie et de cavalerie, et chaque division en deux brigades.

Le système divisionnaire, imaginé bien antérieurement à 1789, mis en pratique avec tant de succès pendant les premières guerres de la révolution, se trouve aujourd'hui dénaturé dans ses conséquences et menacé dans son principe. La nature des guerres de l'Empire, leur intensité, leur durée, et surtout l'étendue immense sur laquelle elles avaient lieu, conduisirent à lui faire perdre une partie de sa simplicité, son principal et essentiel avantage; la restauration lui enleva jusqu'à ses dénominations qui se liaient, plus qu'on ne l'aperçoit d'abord, à son principe.

Il est temps de le dégager des modifications que des circonstances exceptionnelles ou des répugnances d'opinion lui ont fait subir, et de le ramener à la pureté de son origine. Il est temps enfin de lui faire porter au besoin tous ses fruits, et de décourager des idées et des prétentions pour la satisfaction desquelles il ne faudrait rien moins que rétablir le gigantesque de l'organisation impériale, si évidemment hors de proportion avec l'étendue actuelle de notre territoire, la force de nos armées, la limite de nos ressources.

Les détails qu'on va lire indiqueront l'origine et la cause des dénominations données successivement et à diverses époques aux grades des officiers généraux, et rappelleront ensuite le mode de formation des armées pendant la révolution et l'Empire.

Tant que l'armée fut peu nombreuse, et que le roi la dirigeait en personne, les officiers commandant sous lui s'appelèrent lieutenans du roi; il en était encore ainsi du temps de Henri IV.

Plus tard, le nombre et la force des corps armés s'augmentant, et les rois ne commandant plus que rarement eux-mêmes, les commandans d'armée furent appelés *généraux*, et leurs seconds reçurent le titre de *lieutenans généraux* par abréviation de *lieutenans du général.*

L'armée était alors divisée en brigades, commandées par des colonels ou des lieutenans-colonels ayant le titre de *brigadiers.* L'infanterie était réunie sous un lieutenant général, et la cavalerie était divisée en deux ailes dont également chacune obéissait à un lieutenant général. Le reste des lieutenans généraux et des maréchaux de camp encombrait le quartier-général : on les employait alternativement au service du jour, au commandement des détachemens, alors d'un fréquent usage; les jours de bataille, ils étaient répartis sur toute la ligne.

On voit donc que les dénominations de lieutenant du roi et de lieutenant général furent la conséquence de l'ancien mode de commandement et d'organisation des armées.

Le système divisionnaire essayé dans la campagne de 1760, fut établi définitivement seize ans après par M. de Saint-Germain, et consacré par le conseil de la guerre de 1788. Dès la première époque, on avait senti que les anciennes dénominations ne s'accordaient plus avec l'organisation nouvelle. Ainsi les ordonnances de 1776 et de 1788 disent *lieutenans généraux* et chefs de division conjointement ; quelquefois même uniquement *chefs de division.*

En substituant aux dénominations de lieutenant général et de maréchal de camp celles de général de division et de général de brigade, on ne fit qu'accomplir les vues du conseil de la guerre de 1788. Ces dénominations sont donc simplement une conséquence de l'excellente organisation divisionnaire. Aussi les généraux émigrés ne firent, à leur retour, aucune difficulté de les adopter, et ne désapprouvèrent pas moins que les autres officiers généraux la suppression qui bientôt en fut faite.

Enfin, ces dénominations sont tellement l'expression propre des fonctions qu'elles désignent, que le besoin d'être clair oblige de les employer dans les différens règlemens de service, et particulièrement dans l'ordonnance de campagne.

Durant les guerres de la révolution, le principe divisionnaire fut la base de l'organisation de nos armées ; ce principe avait son origine dans la formation de la légion romaine, si excellente que, selon Végèce, un Dieu seul put l'imaginer : le système de la division légionnaire est en effet favorable tout à la fois à l'émulation, à la bonne direction des opérations, à l'économie.

A l'émulation. — Il dispose aux commandemens supérieurs, il fait planer sur toute une classe de généraux, et sur une classe nombreuse, l'espoir de commander en chef; il donne à chacun la propriété de ses faits, presque toujours dans le système opposé, absorbée par les commandans de corps d'armée.

A la bonne direction des opérations. — Il laisse au choix une grande latitude, facilite l'épreuve de toutes les capacités, soustrait aux exigences et au joug des capacités qui s'usent, permet le repos aux activités qui se lassent, dispense d'accorder des droits à des réputations trop légèrement établies; enfin il procure au talent découragé par les revers le moyen de retremper dans une retraite temporaire la confiance en sa fortune.

A l'économie. — Il épargne l'entretien d'états-majors spéciaux de corps d'armée toujours très-coûteux; il dispense de créer pour la guerre, qui n'est qu'un état accidentel et de transition, des prétentions qu'on ne pourra satisfaire et des grades qui deviendront inutiles, en un mot des charges qui doivent être sans objet du moment qu'on sera rentré dans l'état de paix.

Enfin, la formation divisionnaire offre, pour

le temps de paix comme pour le temps de guerre, relativement aux officiers généraux, la combinaison la plus exempte d'inconvéniens.

La révolution, dans le besoin qu'elle eut de déployer une grande force de résistance, consacra cette formation, et même la fortifia, en considérant comme le premier grade de l'armée celui de général de division, et en restreignant le titre et l'emploi de général en chef à n'être plus que temporaires.

Lorsque nos armées ayant pris quelque consistance, furent plus en état de se livrer aux grandes opérations offensives, plusieurs divisions furent souvent réunies sous un commandement particulier; les armées commencèrent à se partager en *aile droite*, en *aile gauche*, et en *centre;* le général en chef se réservait le commandement de l'un de ces corps, ordinairement le centre, qui lui donnait plus de facilité pour appuyer l'une ou l'autre des ailes, et suppléer ainsi à une réserve d'infanterie que la faiblesse des armées d'alors permettait rarement de former. Les commandans de ces fractions d'armée étaient au choix du général en chef; ils n'avaient d'autre attribution que la direction des divisions dans les mouvemens et sur les champs de bataille.

Les généraux en chef, avec une commission

temporaire, les généraux d'aile, avec un simple ordre du général en chef, obtenaient sans contestation l'obéissance et la déférence de ceux auxquels ils commandaient. Temporairement supérieurs aux plus anciens, ils revenaient prendre rang après ceux-ci, du moment que leur commandement exceptionnel avait cessé : ainsi en agirent plusieurs généraux illustres, entre autres le général Moreau.

Sous le consulat, il fut établi, pour remplir les fonctions de commandans d'aile, des officiers spéciaux, avec titre de lieutenans du général en chef. Ce fut une véritable rétrogradation vers l'organisation militaire du siècle précédent, et une première atteinte à l'excellent système divisionnaire.

Avec l'empire ressuscitèrent les maréchaux de France et les colonels généraux ; l'artillerie et le génie eurent des premiers inspecteurs ; ces premiers inspecteurs étaient permanens.

Les armées alors étaient si nombreuses, leurs opérations si excentriques, les grandes dignités militaires si répandues, le pouvoir régulateur si puissant, que le système des corps d'armée pouvait être le système général et constitutif.

Les corps d'armée, commandés pour la plupart par des maréchaux, étaient de véritables armées ; mais comme tout dégénère bientôt en abus, surtout en France, il arriva que le général qui avait sous ses ordres, même instantanément, deux divisions, fussent-elles réduites ensemble à la force d'une brigade, prit le titre de commandant de corps et de général en chef.

Ces commandemens de corps confondaient les rangs ; ils plaçaient sur la même ligne d'autorité le maréchal de France et le général de division ; le chef habituel d'un corps de toutes armes formant armée, et le chef, bien souvent temporaire, de deux ou trois divisions d'une même arme ; ils donnaient droit à une indépendance que l'ambition portait à interpréter dans le sens le plus étendu..... Il dut s'ensuivre des prétentions exagérées qui, entre des chefs également doués d'amour-propre et d'énergie, devinrent, surtout en l'absence de l'empereur, l'occasion de rivalités funestes, d'actes d'insubordination, et très-souvent enfin de déplorables revers.

A ces inconvéniens des corps d'armée, ajoutons que ce système ne permet pas aux généraux, soit de division, soit de brigade, l'exercice complet de leurs fonctions; que ces généraux, bornés pour ainsi dire au rôle de colonels de quelques régimens, quelquefois fort affaiblis, ne peuvent se préparer à des commandemens supérieurs, ni le plus souvent revendiquer leur part dans le succès, ainsi qu'ils le feraient si la division et la brigade étaient, comme il convient composées de toutes armes. Remarquons encore que, dans le système des corps d'armée, l'infanterie est presque toujours privée de cavalerie, soit dans les combats, soit dans les avant-postes; et cependant un corps de cavalerie est incontestablement nécessaire dans la main du général de division, pour appuyer le mouvement en plaine d'une de ses brigades, pour s'emparer rapidement d'une position que l'ennemi abandonne, pour assurer un succès, protéger l'infanterie dans sa retraite, et la secourir dans une défaite. Cette cavalerie permet d'engager les deux brigades d'une division, et supplée, par sa mobilité, à une troisième qui serait en réserve. L'union des deux armes a encore un avantage; elle les rend solidaires, et produit un effet moral dont on a reconnu les heureux résultats. Elle est surtout indispensable pour le service des avant-postes; car on ne peut couvrir des camps et des cantonnemens sans cavalerie, parce qu'on ne peut être garanti d'une attaque inopinée que par des postes très-avancés liés à ceux de l'infanterie, qu'il n'est pas prudent d'éloigner du corps principal.

D'un autre côté, des divisions de cavalerie réunies en corps ne sauraient ni subsister, ni marcher, ni combattre simultanément; elles s'usent par elles-mêmes si rapidement, qu'alors que nous disposions de toutes les ressources de l'Allemagne, on était obligé de mettre des hommes qui n'avaient jamais monté à cheval sur des chevaux qui n'avaient jamais été montés. Il faut reconnaître qu'au-delà de vingt-quatre escadrons, l'à-propos du mouvement, la célérité qui font le mérite principal de la cavalerie, ne peuvent que trop difficilement se rencontrer. A ce nombre de vingt-quatre escadrons se borne la puissance réelle du commandement et la précision dans l'exécution. Napoléon a reconnu ces vérités, mais trop tard.

Revenons à l'historique de l'emploi et de la dénomination des officiers généraux :

Tant que les officiers généraux groupés au quartier-général étaient employés à un service de jour ou de détachement, ils furent et durent être appelés *lieutenans généraux et maréchaux de camp*, car alors ils étaient les agens individuels du général en chef et les hommes de toute l'armée.

A l'établissement des divisions ils devinrent, conjointement avec leur troupe, les agens collectifs du général en chef, et les hommes de leur division spécialement, ce qui les fit naturellement appeler *généraux de division*.

Les maréchaux de camp qui avaient remplacé dans leurs fonctions les brigadiers, supprimés en 1788, durent prendre le titre de *généraux de brigade*.

Ainsi, les titres de général de division et de général de brigade sont la conséquence de la formation de l'armée par divisions, et l'on peut dire en quelque sorte qu'ils datent de 1776.

Toutes nos victoires pendant les guerres de la révolution ont été obtenues dans le système divisionnaire; ce système a produit les généraux qui, pendant cette période, ont acquis le plus de célébrité, et a formé, il faut le reconnaître, ceux qui ont élevé si haut la gloire de nos armes dans les guerres de l'Empire; il nous a donné une véritable supériorité sur l'ennemi et n'a été l'occasion d'aucune défaite, tandis qu'au contraire les victoires de l'Empire furent dues, en grande partie, au génie et à la puissance de Napoléon, et que beaucoup de revers ont été le fruit des rivalités de commandans de corps d'armée, soit entr'eux, soit avec les commandans d'armée.

La formation de corps d'armée dans une même armée, et le titre de général en chef qui en était la conséquence, ne sont plus en rapport avec les forces que la France peut mettre en campagne, ni avec l'étendue des pays sur lesquels ces forces peuvent agir, ni enfin avec les fonds qu'il est possible de consacrer à l'entretien du personnel administratif et des états-majors que cette formation entraîne avec elle.

Cependant, tout en posant le principe que les armées ne doivent pas désormais être divisées en corps d'armée, il faut prévoir le cas exceptionnel où il y aurait nécessité de former dans le cercle d'action d'une armée, un corps dont les mouvemens se rattachassent à son plan d'opérations. Cette éventualité présente une chance de plus aux ambitions légitimes, et concourt avec les commandans d'aile, de centre et de réserve, à fournir les moyens de satisfaire aux droits acquis dans les commandemens en chef ou supérieurs; et l'on atteint ce but sans enchaîner le roi comme le feraient le partage de chaque armée en corps d'armée et la création de titres spéciaux pour les généraux commandant ces corps.

Mais si l'on reconnaît qu'il peut être quelquefois besoin de former des corps d'armée, il ne s'ensuit pas qu'on doive conférer un titre spécial à ceux qui les commanderont. Ce titre, lors même qu'il ne serait encore que temporaire, comme sous l'Empire, n'en chargerait pas moins l'avenir d'une foule de prétentions analogues à celles dont on se trouve aujourd'hui si embarrassé.

Il faut donc en revenir complètement au principe d'organisation si heureusement pratiqué pendant les guerres de la révolution ; il faut qu'un commandement supérieur ne puisse pas plus donner droit à un titre spécial, qu'un titre spécial donner droit à un commandement supérieur.

Mais il conviendrait de revenir à ce principe dès à présent et avec la ferme résolution de ne s'en plus écarter pour quelque cause que ce puisse être. La longue paix dont nous avons joui depuis 1814 a vu s'éteindre presque tous les anciens titres qui auraient pu faire obstacle; il importe de proclamer hautement et vite l'intention de ne point permettre qu'il s'en forme de nouveaux. Jamais réforme peut-être ne présenta autant de facilité pour l'exécution, car l'abus qu'il s'agit de détruire n'a, pour ainsi dire, plus de racines. C'est une occasion à saisir; et on ne saurait trop le répéter, à saisir sans hésiter. Du moment qu'au lieu de donner des lettres de service avec la qualité de *lieutenant général commandant en chef*, on aurait rétabli, ne fusse que par courtoisie, le titre de *général en chef*, il ne serait plus possible de refuser, comme conséquence, une prééminence et des avantages viagers; car il est bien difficile, pour ne pas dire plus, de ramener les ambitions en deçà du but qu'elles ont une fois atteint, ou qu'elles se sont habituées à envisager comme un droit.

DU SERVICE DE JOUR DES OFFICIERS GÉNÉRAUX ET SUPÉRIEURS.

Ce titre du règlement de 1809, concernant l'organisation de l'armée et des états-majors, consacre des dispositions relatives au service des généraux et de l'état-major, ainsi qu'à la surveillance des postes; ces dispositions n'ont pu être exécutées en campagne depuis la guerre de 1756. Il est indispensable de les rappeler ici avec quelques autres qui s'y rattachent.

Art. 4. — « Un officier supérieur de jour par brigade, aux ordres d'un officier général de jour par division. »

Art. 5. — « Ces officiers généraux et supérieurs de jour, aux ordres d'un officier général de jour du corps d'armée. »

Titre VI, art. 23. — « Les officiers généraux et supérieurs de jour visitent les gardes du camp. »

Titre VIII, art. 6. — « Les officiers généraux de jour visitent les postes. »

Art. 16. — « Le général de brigade de jour donne ses ordres pour l'établissement d'un nouveau camp. »

Titre XIX, art. 28. — « Le général de brigade de jour marche à l'avant-garde quand elle se compose de bataillons de grenadiers : autrement il marche à la tête des grenadiers de la seconde ligne d'infanterie. — Arrivés sur le terrain du nouveau camp, les bataillons de grenadiers et les nouvelles gardes y attendent les ordres du général de brigade de jour. »

Les articles 3, 5, 11 et 12 du titre VI chargent l'officier supérieur du jour de la police du camp.

Les règlemens de 1753 et de 1778 avaient établi des officiers supérieurs de piquet; celui de 1788 les a remplacés par des officiers supérieurs de jour; mais ceux de 1792 et de 1809, participant également des précédens, ont conservé tout à la fois, pour le service des postes et de la police du camp, les officiers supérieurs de piquet et les officiers supérieurs de jour; il y a ainsi un double emploi; on va le trouver encore dans ce qui concerne le service des états-majors.

Titre IX, art. 6. — « Le plus ancien des chefs de bataillon des brigades de la division fait le détail de cette division. »

Art. 7. — « Le chef d'état-major de la division lui adresse directement tous les ordres, pour qu'il les distribue aux généraux de brigade. »

Titre XIV, art. 53. — « Les officiers généraux de jour donnent des consignes aux postes. »

Art. 8. — « Le chef d'état-major de la division a des ordonnances pour porter les ordres aux brigades. »

Titre XI, art. 4. — « Le chef de bataillon de jour de chaque brigade va tous les jours prendre l'ordre chez le chef d'état-major de la division, qui le lui dicte, ainsi que le détail du service de la division. Après qu'il l'a communiqué au général de brigade, il le distribue aux chefs de corps. »

Art. 5. — « Tous les autres ordres qui sont adressés, soit de jour, soit de nuit, par le chef d'état-major de l'armée aux chefs d'état-major des divisions, sont envoyés par eux aux chefs de corps. »

Titre IX, art. 9. — « Il y a en outre un officier prêt pour aller porter au général de division, les ordres qui parviennent au chef d'état-major de la division. »

Art. 10. — « Les généraux font prendre l'ordre tous les jours par leurs aides de camp, chez le général de division.

Art. 11. — « Les ordres inattendus leur sont portés par les ordonnances de leur garde, ou par l'officier chargé d'aller chez le général de division. »

Art. 19. — « L'ordre est envoyé aux chefs

d'état-major des divisions qui les distribuent aux brigades.»

Art. 22. — «Dans les camps de séjour, l'adjudant commandant de la division a soin que les mêmes postes soient occupés par des gardes des mêmes brigades.»

Art. 23.—«Il envoie tous les matins au chef de l'état-major général le détail des gardes...»

Ces dispositions sont confuses et même contradictoires; lorsqu'on en prescrivait de nouvelles, il fallait abroger les anciennes.

Elles n'auraient pas dû arriver jusqu'à nous; mais comme on en avait fait la base du principe de tout le service tracé dans le règlement de 1809 et dans ceux qui l'ont précédé, il devenait indispensable, pour les faire comprendre, d'en indiquer l'origine.

Sous Louis XIV, le service du camp et des postes était confié à des généraux de jour; le plus grand nombre des lieutenans généraux, et tous les maréchaux de camp y étaient employés. Cette disposition ne fut point changée lorsque le système des divisions imaginé par le maréchal de Broglie eut été définitivement établi en 1776, par M. de Saint-Germain, et les règlemens de 1778, 1788, 1792 et 1809 conservèrent l'ancien ordre de service, tout en consignant, quoique sans détails, les obligations imposées aux généraux par le nouveau système. — Ces règlemens présentent, d'une part, les officiers généraux de jour encore chargés du service des postes et de la police du camp; de l'autre, les généraux, chacun dans leur commandement, chargés également du service, de la discipline et de la police : *Titre* XIII, *des règlemens de* 1778, 1788; *titres* V, VI, VIII, XIV *et* XIX, *du règlement de* 1809, copiés de celui de 1792.

La nature des anciennes guerres, l'organisation des armées d'alors, la composition journalière des avant-gardes, rendaient praticable le système des généraux de jour. Mais où en serait-on aujourd'hui dans nos guerres bien plus actives, s'il fallait que les divisions, les brigades, et surtout celles qui précèdent le gros de l'armée, attendissent les officiers de jour pour placer les postes; s'il fallait que le général de jour quittât ses propres troupes pour marcher et combattre avec l'avant-garde qui se compose actuellement de corps constitués, sous les ordres de leurs généraux particuliers, et non, comme l'indiquent encore les règlemens, de bataillons de grenadiers, de nouvelles gardes, etc.

La nécessité autant que la raison a donc amené les généraux et les colonels à entrer, dès que les camps de paix ou de rassemblement ont été levés et la campagne commencée, dans le principe du système des divisions, qui veut qu'ils commandent leurs troupes et gardent leur terrain. Ils ne souffriraient pas, en effet, qu'un autre vint y interposer son autorité. Mais comme le service n'a point été réglé pour ce nouvel ordre de choses, il en résulte que personne n'est strictement obligé à placer les postes ni à les faire servir; lors même que la perte d'une division entière aurait lieu par l'effet de leur mauvais placement ou du manque de surveillance, personne à la rigueur ne serait répréhensible, et moins encore justiciable des conseils de guerre, puisque les règlemens tels qu'ils existent ne s'exécutent pas et ne peuvent s'exécuter, en campagne du moins.

Le caractère confiant du Français rend encore plus dangereuse cette absence d'ordre, de règles fixes et de devoirs formels. Les injonctions de mieux servir aux avant-postes, les menaces de punitions sévères, rien ne peut suppléer à des obligations positives et clairement précisées. Cet état d'imprévoyance devint à tel point funeste que, par un ordre du jour daté de Pirna, le 20 septembre 1813, Napoléon déclara passible de la peine de mort tout commandant de poste qui se serait mal gardé, et tout général qui, flanquant l'armée, aurait négligé de placer ses grand'gardes.

DU SERVICE DE L'ÉTAT-MAJOR.

La simple lecture des dix articles du règlement de 1809, transcrits ci-dessus, à la suite de ceux qui concernent les officiers généraux et les officiers supérieurs de jour, a déjà manifesté, sans doute, l'incohérence des dispositions relatives au service des états-majors; il ne sera pas inutile d'entrer aussi à cet égard dans quelques détails.

L'état-major se composait encore, en 1789, d'un maréchal général des logis, d'un major général et d'un maréchal général des logis de la cavalerie. Ces officiers étaient secondés par des aides maréchaux des logis de l'armée, qui n'étaient pas, comme nos colonels d'état-major, leurs intermédiaires avec les généraux et avec les troupes. Ils avaient pour ce double objet des chefs d'état-major, sous la dénomination de majors de brigade, et en outre, depuis la formation de l'armée en divisions, en 1778, des majors de division, qui étaient les uns et les autres majors de régiment, et qu'on a remplacés depuis la suppression de ce dernier emploi en 1791, par des chefs de bataillon. Ces trois états-majors avaient des attributions très-importantes, le service de l'armée reposait entièrement sur eux et sur les officiers généraux de jour; tous les ordres étaient envoyés directement à leurs intermédiaires, les majors de brigade et de division, avant d'arriver aux généraux dont la participation n'était pas même nécessaire pour mettre les troupes en mouvement. Ce mode, qui appartient évidemment à l'époque où le plus grand nombre des généraux n'avaient pas de troupes spécialement sous leurs ordres, est pourtant, tout étrange qu'il nous paraît aujourd'hui, maintenu non-seulement par les règlemens antérieurs, mais encore par celui de 1809. (Art. ci-dessus 9 *et* 11 *du titre* XI, *et* 19 *et* 23 *du titre* XIX.)

Le 29 octobre 1790, un décret créa trente adjudans généraux, pour tenir lieu de ces trois états-majors; mais on n'eut pas le temps de bien établir leurs attributions, dont le règlement provisoire de campagne de 1788 avait annoncé qu'il serait traité, sous le titre de *composition, de constitution et de service des états-majors*.—L'instruction ministérielle du 1er juin 1791, leur laissa aussi provisoirement les fonctions des états-majors qu'ils remplaçaient, fonctions établies en 1672 et 1678, et qui ne convenaient déjà plus aux armées de

1756. Le comte de Guibert, dans son *Essai de tactique*, dit qu'il pourrait prouver qu'elles sont compliquées et contraires au secret des opérations et du service. Elles les ont bien plus aujourd'hui, qu'elles ne s'accordent ni avec la force numérique de nos armées, ni avec leur formation en divisions, ni avec l'organisation des états-majors.

On a centralisé en 1792, le service des états-majors dans la personne d'un chef d'état-major général, arrangement qui avait déjà été proposé lors de la constitution militaire de 1762; les adjudans généraux sont devenus les chefs d'état-major des divisions, ou plutôt les chargés de détails des généraux de division. Ils ont donc reçu les ordres par leurs généraux, mais non avant eux, et les généraux de brigade ont correspondu directement avec les commandans de corps. Ainsi les fonctions des majors ou chefs de bataillon, de brigade et de division, n'ont plus eu lieu.

Enfin, les généraux étant devenus les hommes des troupes et du service, et la guerre ayant pris un caractère plus rapide, les états-majors ont perdu une partie de leurs attributions, et, par conséquent, de leur importance. Ils en ont perdu surtout, parce que ces attributions n'ont jamais été déterminées par l'autorité, ni liées aux autres parties du service qui, elles-mêmes, n'étaient ni combinées, ni définies. *Le Manuel des adjudans généraux et celui des états-majors*, du général Thiébault, ont seuls offert quelques directions ; mais, privés du caractère officiel, ils n'ont pu prévenir les conflits, ni rien régler. Il est à désirer que ces utiles matériaux, dégagés d'objets étrangers ou surabondans, soient enfin employés dans la rédaction d'une instruction sur le service de l'état-major. Le principe de la création de ce corps est, sans contredit, une belle conception du grand capitaine à qui l'armée en est redevable ; mais les dispositions de détail et même les divisions organiques sont encore aujourd'hui à perfectionner.

DES OFFICIERS D'ARTILLERIE ET DU GÉNIE HORS LIGNE.

Si le règlement de campagne de 1788 eût été achevé, il eût compris, ainsi que la table l'annonce, un titre particulier pour régler le rang et le service des officiers supérieurs du génie et de l'artillerie. Le projet a pris pour base de ce qui les concerne les ordonnances du 7 février 1744, du 10 mars 1759, du 31 décembre 1776, et l'arrêté du comité de salut public, du 4 floréal an 3.

DE L'INTENDANCE MILITAIRE.

L'article 31 de l'ordonnance du 18 septembre 1822, veut que les rapports de l'intendance avec les officiers généraux des armées sur le pied de guerre, soient fixés par les règlemens du service de campagne; aussi le projet a-t-il déterminé ces rapports, et assuré les droits et les attributions de l'intendance, non moins religieusement que les intérêts du service. Il est évident que l'intendance ne peut agir, surtout en campagne, sans l'appui des pouvoirs militaires; pourrait-elle imposer aux troupes, si elle ne procédait en vertu de l'autorité unique que celles-ci reconnaissent? et l'armée elle-même n'est-elle pas indubitablement paralysée dans ses opérations, si l'administration, qui en est une partie essentielle, se sépare un seul instant de ses élémens de force et d'action, en tentant de se soustraire à l'unité de commandement, ainsi qu'au système divisionnaire hors duquel il n'existe point aujourd'hui de véritable organisation d'armée.

Les articles projetés confirment donc les généraux d'armée, de corps d'armée et de division, dans le droit d'enjoindre à l'administration de pourvoir et de distribuer, ainsi qu'ils ordonnent à l'artillerie de tirer le canon, au génie de fortifier, et aux troupes de combattre; sans toutefois que ce droit les autorise à s'immiscer dans les opérations, la comptabilité et le notariat de l'administration.

DES OFFICIERS A LA SUITE DES QUARTIERS-GÉNÉRAUX.

L'instruction provisoire de 1823 met à la suite des généraux d'armées et de corps d'armée, un nombre indéterminé d'officiers disponibles de tous grades, destinés à remplacer ou suppléer les officiers blessés faits prisonniers ou malades, à prendre le commandement des places, des postes, des dépôts, etc.

Aucune mesure ne peut entraîner de plus pernicieux effets : en l'adoptant on verrait pulluler de rechef ces volontaires si embarrassans pour les généraux et les troupes d'autrefois; on verrait rappeler et des officiers qui ne servent plus, et d'autres mêmes qui auraient mal servi; d'autres enfin tirés des corps de l'intérieur, au préjudice et au grand déplaisir de leurs camarades. Une telle disposition groupe au foyer des grâces des individus qui vont à l'armée moins pour les mériter que pour les obtenir.

Ces officiers sans troupes, sans service, sans devoirs déterminés, remplaceraient donc les officiers tués, blessés ou prisonniers; ils viendraient commander ceux qui auraient continué le combat à la tête des troupes; ils seraient mis à la place des braves que les marches et les privations auraient rendu un instant incapables de servir. Ils occuperaient enfin, en arrière de l'armée, les postes de repos qui appartiennent de droit à ceux que des blessures ou l'excès des fatigues auraient mis hors de l'activité. Osons le dire, la position de ces officiers, souvent en conflit d'ailleurs avec les officiers de l'état-major, porterait un coup funeste à l'émulation et au dévouement. Ils seraient une véritable superfétation à charge à l'Etat. Une armée bien organisée ne doit point avoir d'officiers hors des cadres constitutifs, et jamais elle ne manque, au besoin, d'officiers capables et valeureux pour les remplacemens.

DES COMMANDANS DE QUARTIERS-GÉNÉRAUX.

Les commandans de quartiers-généraux sont aussi une superfétation nouvelle; elle résulte du luxe abusivement introduit dans les armées de l'empire. Il faut que, comme dans les quinze premières campagnes, et comme le veulent l'ordonnance de 1792 et les ordonnances antérieures, les chefs ou sous-chefs d'état-major commandent les quartiers-généraux, ou les fassent commander sous leurs ordres par des officiers d'état-major ou de gendarmerie.

DES DÉPÔTS, DES LIEUTENANS-COLONELS ET DES MAJORS.

On peut imputer une partie de nos désastres dans les guerres précédentes, à l'absence de toute organisation régulière et permanente dans les dépôts.

On avait trouvé convenable au premier abord que les dépôts d'infanterie fussent composés d'un bataillon organisé, pour en former en même temps la souche des garnisons des places frontières; de nouvelles réflexions ont conduit à penser que la meilleure manière de former ces dépôts était d'y laisser une compagnie par bataillon; les soldats de cette compagnie prêts à entrer en campagne, sont répartis dans les autres compagnies, et celles-ci remettent en échange leurs hommes malingres, leurs recrues, etc. Dans un régiment de quatre et surtout de trois bataillons, un bataillon entier laissé au dépôt est une fraction beaucoup trop considérable, et les bataillons de dépôt sont perdus pour le service actif; au contraire, les bataillons de guerre, quoique réduits à sept compagnies, ne sont pas moins propres à manœuvrer et à combattre, ils sont même plus disponibles, puisqu'ils sont débarrassés de toutes leurs non-valeurs. Le major commande les compagnies de dépôt; il lui est donné un adjudant-major pour l'aider dans les détails du service et de l'instruction.

Dans la cavalerie, les escadrons de dépôt sont tout à la fois inutiles et très-nuisibles à l'administration. On a senti de nouveau l'inconvénient de ce mode dans la dernière campagne, tandis que les régimens du camp de Lunéville ont éprouvé tous les avantages de n'avoir au dépôt que des escouades ou des pelotons de chaque escadron; on empêche ainsi toute confusion dans l'administration, et l'esprit d'escadron s'établit et se maintient. Cette disposition appartient au système de la nouvelle organisation, qui veut encore qu'on crée, pour le temps de guerre, un adjudant-major et un adjudant des maréchaux-des-logis et brigadiers surnuméraires et exclusivement consacrés au service et à l'instruction du dépôt; le principe de cette organisation veut que les cadres constitutifs soient toujours complets.

Quelques colonels s'étant persuadé que les lieutenans-colonels entravaient leur autorité, et ayant fait partager leur opinion à des officiers généraux, on a pris le parti, en 1823, de laisser aux dépôts le plus grand nombre de ces officiers supérieurs; mais beaucoup de colonels et de généraux pensent, au contraire, que lorsque le colonel reste dans ses fonctions purement directrices, et qu'il s'abstient d'envahir jusqu'à celles des adjudans, il trouve d'autant plus de facilité et d'honneur à commander, que ses seconds sont plus élevés en grade.

L'unité militaire se trouve dans le bataillon, aussi devrait-on lui rendre son drapeau. On a reconnu dans les dernières campagnes notamment l'importance de cette restitution, sur laquelle le maréchal de Saxe avait déjà fortement insisté. Ce sont les mêmes motifs qui lui rendent indispensable son chef spécial; il ne saurait être suppléé efficacement par un capitaine. D'un autre côté, un chef de bataillon supplée difficilement le colonel auprès de ses égaux. Ainsi, sous ce double rapport, il est essentiel déjà que le lieutenant-colonel soit toujours présent pour remplacer le colonel; on ne peut, en outre, le frustrer du commandement du régiment pour le donner à un chef de bataillon, ni le rappeler du dépôt, comme on rappelait autrefois, le cas échéant, le major qui, dans l'origine, était et l'administrateur et la seconde personne du régiment.

Les majors sont exclusivement destinés à l'administration, et doivent en être responsables, en temps de guerre surtout, conjointement avec les trésoriers et les officiers d'habillement.

DES ORDONNANCES.

Les escortes et les ordonnances sont indispensables, sans aucun doute; mais ce service tel qu'il se fait aujourd'hui, avec les abus qui y sont inhérens, est un fléau pour les régimens et une perte de force réelle pour l'armée. En effet, ce sont les meilleurs soldats, souvent les plus intelligens, toujours les mieux équipés et les mieux montés, qui sont ainsi employés; ils perdent l'esprit de corps et de subordination, et ceux qui ne peuvent rester avec les généraux, même comme domestiques, ne rentrent au corps que pour donner l'exemple de l'indiscipline.

Sans aborder ici la question de savoir si, en France, l'état-major doit avoir des corps particuliers, il est hors de doute qu'un régiment de guides à cheval est éminemment nécessaire en temps de guerre. La composition en est facile : les employés actifs des douanes et des droits réunis de la frontière à défendre, ou à franchir, seraient très-propres par leur connaissance des localités, à ce genre de service. Les gardes nationaux à cheval, non mariés, des départemens voisins du théâtre de la guerre, pourraient y être appelés; enfin il est très-probable que beaucoup de jeunes gens entreraient dans ce corps, la plupart montés, s'ils étaient attirés par une perspective d'avancement, comme ils le seraient déjà par le genre de vie des quartiers-généraux, et l'intérêt de plus d'une espèce qui s'attache au service près de la personne des chefs de l'armée.

SOLDATS ATTACHÉS A LA PERSONNE DES OFFICIERS.

Ceci est un point essentiel à régler. En Prusse et en Autriche, les règlemens accordent des soldats aux officiers; en France, ils en ont accordé long-temps. La défense d'en avoir, intervenue depuis, n'a jamais pu être observée, surtout à la guerre; les officiers d'infanterie qui ont le droit d'être montés et tous ceux de cavalerie, ne peuvent avoir alors assez de domestiques salariés pour leurs chevaux et leurs équipages. Les officiers inférieurs, dans l'infanterie, auraient trop de difficulté à nourrir un domestique, pour qu'on leur refusât la faculté d'employer un soldat à leur service personnel ; et quand cette faveur serait moins indispensable, il vaudrait mieux l'accorder formellement, que de voir les ordres sans cesse enfreints, et la véritable situation des forces toujours déguisée. C'est aux colonels et surtout aux généraux qu'il appartient d'empêcher qu'on n'emploie les meilleurs soldats, et dans la cavalerie les hommes les mieux montés.

DU COMMANDEMENT PAR INTÉRIM.

Il est extrêmement important de fixer enfin, par une décision claire et irrévocable, le droit au commandement *par intérim*, trop souvent contesté entre l'état-major et la ligne, l'infanterie et la cavalerie, les officiers français et les officiers étrangers. Il est temps de mettre un terme à des interprétations, à des prétentions, à des conflits qui sont toujours nuisibles au service et au succès de la guerre.

Le droit de commandement appartient incontestablement aux officiers d'état-major, à grade égal, dans les détachemens où ils sont employés. Cette supériorité qui leur est acquise par la nature de leurs fonctions, se trouve consacrée par l'ordonnance du 2 août 1818. Elle ne peut blesser les officiers des corps, qui doivent en comprendre aisément la nécessité ; elle ne peut être contestée qu'au grand désavantage du service.

Il semble que les différentes opinions à cet égard n'ont point assez distingué le commandement constitué d'un corps, d'avec le commandement qui a pour objet unique de diriger une troupe sur un point où elle doit agir. Il convient de reconnaître de bonne foi, qu'en général l'officier d'état-major a dû acquérir une connaissance plus précise des localités, et de l'ensemble des mouvemens. Il peut arriver encore que le chef de la troupe disponible, ne se trouve pas apte à diriger une opération qui demanderait des combinaisons et de la suite, et que pourtant il soit ou le plus ancien ou le plus élevé en grade des officiers à y employer. Le général, en ce cas, serait bien forcé, pour l'intérêt du service, de le priver du commandement, et d'en charger, soit un officier du corps, soit un officier d'état-major de l'artillerie et du génie ; bien entendu que ce délégué temporaire n'acquiert aucunement le droit de s'immiscer dans le commandement effectif de la troupe, c'est-à-dire dans ce qui concerne le personnel, l'administration et la discipline intérieure.

Une mission particulière revêt donc celui auquel elle est confiée, de la direction réelle et incontestable des troupes qui y sont employées; mais l'ordonnance qui assure cette supériorité aux officiers d'état-major, l'étend-elle aux commandans *par intérim* des brigades, régimens, bataillons ou escadrons, en un mot des troupes légalement constituées, et où la succession au commandement ne peut s'interrompre en faveur d'un officier hors ligne? Un tel déplacement d'autorité blesserait des titres trop légitimes et une émulation trop précieuse; il porterait infailliblement une dangereuse atteinte à la confiance des troupes. Il faut d'ailleurs le déclarer, quoique à regret, ni l'organisation ni la réorganisation du corps d'état-major n'ont encore assuré suffisamment l'instruction pratique, indispensable cependant à des officiers chargés de diriger des troupes à la guerre et de les jalonner dans les manœuvres. Pour faire combattre une brigade, un régiment, un escadron ou un bataillon, il faut personnellement faire manœuvrer; tout est là.

De fréquentes discussions pour le commandement s'élèvent entre les officiers de cavalerie et ceux d'infanterie. Les articles 11, 12 et 15 du titre XVII du règlement de 1809 conservent la supériorité du commandement, en plaine, aux officiers de cavalerie, de préférence à ceux de l'infanterie. On ne saurait avec justice applaudir à cet ordre de choses, fixé par les ordonnances de 1695 et de 1718. L'infanterie est le corps principal; elle est forcée de régler sa marche et sa défense suivant l'attaque à laquelle elle doit résister, et le terrain qu'elle doit parcourir. La cavalerie, au contraire, est essentiellement mobile; elle jouit de la facilité de se soustraire à de trop nombreux assaillans, ou de les prévenir dans leurs projets. Il paraît donc que les officiers de cavalerie et ceux d'infanterie doivent commander selon leur rang.

Au surplus, ce que nous voyons n'intéresse que des corps ou des détachemens réunis par des circonstances fortuites; mais un cas plus essentiel se présente. Lorsqu'un corps de cavalerie est donné à l'infanterie pour appuyer ses opérations, l'officier de cavalerie doit-il être aux ordres de celui de l'infanterie, quelle que soit son ancienneté? sans aucun doute: le grade devrait peut-être s'oublier en pareille occasion. C'est un devoir bien important de l'autorité première, qui dispose de toutes les armes, que celui de prévenir, par de sages mesures, le conflit du droit occasionel au commandement, avec le droit résultant de la supériorité du grade ou de l'ancienneté.

L'exclusion des étrangers du commandement des places, demandée par les États de Blois, et soigneusement maintenue depuis, a eu évidemment pour objet moins de leur retirer le commandement des remparts que celui des troupes, puisque si les troupes sont séduites, compromises, ou trahies, les forteresses tombent infailliblement. L'esprit manifeste de ces anciennes ordonnances doit donc s'étendre de nos jours au commandement en rase campagne; car si, à l'époque des États de Blois, le pays était défendu ou conquis par la résistance ou l'abandon des places, il l'est aujourd'hui par le gain ou la perte des batailles. Ajoutons qu'un général, privé légalement du droit de commander deux cents Français employés à la défense de Pierre-Châtel, ne peut, à plus forte raison, être investi du droit d'en commander vingt-cinq mille pour assiéger Turin!

Il suit incontestablement de ces considérations, et des anciennes ordonnances maintenues par la décision de 1824, en ce qui concerne les places fortes, que le commandement d'une armée ou d'un corps d'armée ne peut être remis à un étranger, à moins qu'il n'ait été naturalisé Français. L'on opposera qu'on a vu plusieurs fois, et notamment sous Louis XV, les armées françaises commandées par des étrangers; mais on n'ignore pas que ce monarque déplorait hautement une telle nécessité. Au surplus, nos règles actuelles d'avancement, quelles qu'en soient à l'avenir les modifications de détail, et la permanence des divisions organisées, qu'il faudra bien enfin adopter pour le temps de paix, ne permettent plus que l'honneur et les destinées d'une grande nation soient abandonnés à des mains étrangères. Napoléon plaça presque toujours des généraux français à la tête de ses armées auxiliaires; l'histoire dira s'il n'eut point à se repentir de s'être écarté de cette sage prévoyance.

D'autres raisons militent encore contre le parti de donner à des étrangers le commandement des armées ou des places fortes. Dans les deux circonstances, en effet, l'autorité absolue s'exerce sur le civil comme sur le militaire.

De ces derniers motifs découlent nécessairement ceux qui doivent priver encore les étrangers de commander dans les villes ouvertes. Le bon ordre, la discipline, la répression des délits, les actes qui livrent les accusés aux tribunaux, dépendent du chef de la garnison. On conçoit qu'une telle autorité ne peut être exercée, à l'égard de Français dans leur pays, que par un de leurs concitoyens.

TITRE II DU PROJET.

PRÉCIS DES ATTRIBUTIONS DES GRADES ET DU SERVICE INTÉRIEUR DANS LES CORPS.

Extrait analytique de l'examen des titres XII *et* XIII *du règlement de* 1809, *fondus dans le titre* II *du projet.*

Ces deux titres du règlement de 1809 présentent, comme les précédens, des dispositions qui ne sont plus d'accord avec nos constitutions et nos usages; par exemple: « un billet d'appel que les chefs de bataillon doivent envoyer au général de brigade, et celui-ci au chef d'état-major de la division, un capitaine de piquet par brigade, un adjudant-major et un adjudant de piquet par régiment. »

On annonce dans ces titres qu'on doit y traiter de tout le service journalier, et, néanmoins, il n'en est question que très-superficiellement, parce qu'on renvoie, à cet égard, aux règlemens de service intérieur.

Mais ces règlemens donnaient lieu aux mêmes réflexions que les règlemens de campagne. Comme ceux-ci, ils n'étaient que provisoires, et devaient subir toutes les rectifications que conseillerait l'expérience pendant l'année 1789. (Cela est formellement exprimé dans le compte rendu au conseil de la guerre, en décembre 1788.) Ils furent immédiatement l'objet des plaintes des régimens; aussi les réduisit-on de beaucoup en 1792.

Le règlement de cette dernière époque ne pouvait manquer d'être incomplet, lorsqu'il fut substitué à celui de 1788. Le relâchement de la discipline était alors plutôt autorisé que réprimé; aussi beaucoup de colonels suppléèrent dans la suite à l'insuffisance du règlement de 1792 et à ses fâcheux effets par des règlemens particuliers, qui, cependant, s'écartaient des rigueurs de l'ancienne discipline.

On ne fatiguera pas l'attention en présentant ici l'examen comparé et minutieux que j'ai fait de l'origine, de l'usage et du mérite de chaque article de ces titres XII et XIII du règlement de 1809. Ces détails sont trop ingrats de leur nature; l'ordonnance du 13 mai 1818, sur le service intérieur, les rendrait d'ailleurs, pour la plupart, sans objet. Il a suffi d'établir dans ce projet ce que le service de guerre réclame de spécial.

On se bornera donc aux observations sommaires suivantes :

Ces deux titres ne complètent pas le service des vingt-quatre heures, et c'est à tort qu'ils le commencent à la retraite, au lieu d'avoir suivi le règlement de 1788 qui le commençait avec le jour. Ils séparent du service de la journée ce qui est de l'inspection et de la réunion des gardes, tandis que ces détails ont une liaison nécessaire avec les dispositions qui les précèdent et celles qui les suivent. En outre, ces titres en annonçant qu'ils traitent « des appels, de la retraite, de l'assemblée, inspection et départ des gardes et détachemens et autres règles du camp », laissent penser que le service journalier y est entièrement détaillé, quoiqu'ils ne le comprennent, comme on vient de le voir, que très-incomplètement. Il en est ainsi parce qu'ils sont fondés sur les règlemens du service intérieur, qu'ils s'y rattachent et y renvoient souvent. Il faut répéter ici que le règlement de campagne de 1753 a été basé sur la constitution de 1750; celui de 1778 sur celle de 1776; celui de 1788 sur les systèmes qui s'établissaient à cette époque. Celui de 1792, composé de la portion terminée de celui de 1788, n'offre guère de changemens que dans les dénominations introduites par la constitution militaire de 1791; celui de 1809 ne s'est, pour ainsi dire, pas écarté du précédent ; et, enfin, le règlement de service intérieur, du 24 juin 1792, n'est qu'un extrait de celui de 1788, mis en harmonie avec les nouvelles lois et les circonstances.

Les remarques sur le service qui était attribué aux généraux et à l'état-major, ont déjà montré que les règlemens successifs avaient conservé des principes et des dispositions qui ne s'accordaient plus avec la constitution de nos armées ni avec notre système de guerre ; de même, ce qu'on avait laissé subsister pour le service dans les régimens, n'était plus en harmonie avec leur organisation et avec ce qui s'y pratiquait depuis plus de trente ans.

L'article intitulé : *Fixation des heures de service*, contient le résumé succinct, et cependant complet, des dispositions de service qui doivent être observées dans les camps par les troupes d'infanterie et de cavalerie, et qui diffèrent des dispositions prescrites dans l'intérieur des casernes.

TITRE III DU PROJET.

DES CAMPS ET CANTONNEMENS.

Extrait analytique de l'examen des titres IV *et* V, XXXIV, XXXVIII *et* XXXIX *du règlement de* 1809, *fondus dans le titre* III *du projet.*

Le titre IV, *du Campement*, veut qu'un « chef de bataillon ou un capitaine soit chargé du tracé du camp ; que cette opération ait lieu au moyen de fanions, de cordeaux et de fiches ; que le campement soit suivi de quatre hommes, armés de faux, par bataillon, et des convalescens. » — Les chefs de bataillon et les capitaines ont remplacé, pour le campement, les majors en second et les capitaines en second, qui devaient en être chargés depuis la suppression des aides-majors. Ces derniers ayant été recrées sous le titre d'adjudans-majors, l'usage leur a rendu cette attribution, qu'il faut leur conserver.

Les cordeaux, les fiches ne sauraient avoir d'emploi, du moins en campagne. Le règlement de 1778 prouve bien qu'ils furent prescrits par le règlement de 1753. On ne fit usage, dans la guerre de 1756, que du pas des fourriers pour tracer le camp. A la guerre, en effet, il faut tout mesurer à l'œil et avec les jambes. Les fanions conviendraient assez aux fourriers; mais, alors, le fusil deviendrait embarrassant; s'ils étaient faits en forme de lances, ils pourraient servir à la fois, et à la défense des fourriers, et à la direction dans l'ordre de bataille et dans les manœuvres.

Le campement ne saurait être suivi par des soldats armés de faux, même pour un camp de paix. Il serait toujours préférable de faire faucher par les habitans.

Les convalescens ne peuvent précéder l'armée, ni marcher aussi vite que le campement. Ils sont mieux aux équipages, en attendant qu'on puisse les diriger sur les petits dépôts des régimens, ou sur les grands dépôts de l'armée. On fera observer ici que cette sorte de dépôt provisoire ne pouvant être l'objet que d'une mesure particulière, dépendante des localités et des circonstances, il ne devait pas en être fait mention dans un règlement. Le projet propose de le remplacer par les grands et petits dépôts dont la bonne organisation est si importante, doivent diriger successivement sur l'armée tous les hommes disponibles.

Titre v. *De l'établissement dans le camp.* — Les six premiers articles prescrivent des dispositions pour « les faucheurs des bataillons, et pour la répartition des fourrages du terrain du camp. » — Dispositions inexécutables, surtout à la guerre.

« Le vaguemestre ira prendre les ordres pour le départ et le rendez-vous des équipages chez le vaguemestre de la division. Ce dernier, chez celui du corps d'armée. » — Cette disposition est tirée textuellement du règlement de 1753, et vient de l'ordonnance de 1692, qui créa les vaguemestres ; mais c'est avec raison que les règlemens de 1778, 1788 et 1792 l'avaient rejetée, et avaient décidé que les vaguemestres de brigade ne passeraient sous les ordres de ceux de division ou d'armée que lorsque les équipages seraient réunis sur les derrières.

Le piquet est confondu avec la garde de police pour le placement des sentinelles aux drapeaux et sur le front du camp.

« Les chefs et officiers d'état-major des régimens resteront à cheval jusqu'au départ pour les distributions. » — Mais les chefs ont autant besoin de repos que le soldat. C'est aux officiers de semaine, supérieurs et autres, à remplir le devoir indiqué ici.

« Les soldats seront conduits en ordre aux distributions, même à l'eau. » — Ceci a besoin d'être modifié pour des campagnes dont les mouvemens ne se calculent plus sur la situation et l'emplacement des magasins.

Enfin, ce titre contient encore des détails que l'expérience a également fait rejeter.

Titre XXXIX. *Instruction pour le campement.* — Cette instruction est de quarante pages d'impression. Elle indique l'emploi de quatre espèces de cordeaux, chacune de deux proportions différentes. Dans la mesure des espaces, tant pleins que vides, elle veut qu'on pousse le calcul jusqu'aux fractions, etc. Tous ces détails sont trop en trop grand nombre et trop difficiles pour être retenus On ne pourrait en faire usage que sur très-peu de terrains, qu'avec des mesures de grandeur égale, et que pour les cas où il s'agirait seulement de faire promener les troupes d'un camp de paix à un autre. Il paraît donc convenable de négliger l'*Instruction* en ce qui touche cette dernière circonstance, et de revenir, quant au règlement de campagne, à n'indiquer que la forme la plus habituelle du camp, et le procédé le plus simple pour le tracer; procédé qui pourra servir de base à toutes les opérations de même genre, soit qu'on ait à le resserrer, soit qu'on ait à l'étendre. On s'en tiendra sans doute, pendant la paix comme pendant la guerre, aux baraques, dont l'usage n'existe pas seulement depuis la révolution, mais préexistait à la paix de Nimègue, époque où les tentes furent définitivement introduites.

D'un autre côté, cette longue *Instruction* ne laisse supposer qu'une forme de camp, le carré long, c'est-à-dire le front du camp couvert par la troupe en bataille. Ce système, qui a une origine fort ancienne, s'accorde peu avec nos principes de guerre actuels. Longtemps l'armée, au lieu de camper réunie, campa par quartiers séparés. La méthode de camper ensemble sur plusieurs lignes, et dans presque toutes les dispositions de détail indiquées en 1809, date, selon les meilleurs auteurs militaires, de la campagne de 1667. Le règlement de 1809 veut encore, qu'autant que possible, le front du camp présente l'ordre de bataille adopté par les anciennes armées; que la cavalerie soit sur la ligne de l'infanterie, à ses deux extrémités, ayant extérieurement des brigades d'infanterie pour couvrir ses flancs, méthode attribuée au maréchal de Saxe, et que suivit, dans sa campagne de 1760, le maréchal de Broglie, qui, cependant, remplaçait le plus souvent cette brigade d'infanterie par des dragons campés en potence. Enfin, cette *Instruction* de 1809 porte que la cavalerie, ayant à couvrir hermétiquement son camp, ne doit point laisser d'intervalle entre ses escadrons.

On a remplacé les retranchemens des camps par des grand'gardes; les armes à feu permettent l'ordre mince et étendu. Les troupes sont devenues manœuvrières; l'ordre parallèle n'est pas le préféré, et la meilleure manière de faire combattre des Français, c'est de prendre l'initiative dans les combats. Il n'y a donc guère de raisons pour suivre cet ancien système d'établir les camps dans la forme d'un parallèlogramme, et dans un ordre si régulier et si habituel que l'ennemi puisse toujours juger de notre force et du terrain dont nous avons fait choix pour combattre.

Le règlement de 1809 ne parle ni des camps de cavalerie ni des bivouacs. A la vérité, les troupes à cheval campent plus rarement que l'infanterie; cependant elles sont quelquefois appelées à le faire, et il est d'autant plus nécessaire d'indiquer la forme et les dimensions de leurs camps, que cette forme et ces dimensions diffèrent, en plusieurs points essentiels, de celles des camps d'infanterie. On les a déterminées d'une manière précise.

Quant aux bivouacs, leur établissement est subordonné, il est vrai, à la proximité de l'ennemi, à la nature du terrain, au but qu'on se propose. Cependant, quelques règles générales, pouvant s'appliquer à presque tous les cas, ne sont pas sans utilité, surtout après une longue paix qui a fait perdre les traditions de la guerre.

TITRE IV DU PROJET.

DES ORDRES.

TITRE V DU PROJET.

DU MOT D'ORDRE.

Extrait analytique de l'examen du titre II *du règlement de* 1809 (De l'ordre et du mot), *fondu dans les titres* IV *et* V *du projet.*

« L'ordre et le mot seront donnés à la garde montante. L'ordre comprendra le mot d'ordre, celui de ralliement, le nom des officiers généraux de jour, les bans et les défenses à faire; il indiquera les heures des appels, celles des inspections, des piquets et gardes, les détails du service général par division, les ordres pour les fourrages, les distributions et les ordres particuliers.

« Le chef de bataillon de jour de chaque brigade ira à l'ordre chaque jour chez le chef d'état-major de la division, qui le lui dictera, ainsi que le détail du service de la division. Tous les autres ordres adressés par le chef d'état-major de l'armée aux chefs d'état-major des divisions seront envoyés par ceux-ci aux chefs des corps.

« Lorsque l'adjudant-major de service pour la brigade voudra donner l'ordre, le tambour de piquet fera le signal ; ce seront les officiers de piquet qui viendront à l'ordre ; une garde de police sera commandée pour le cercle ; le chef de bataillon seul y entrera ; il donnera le mot aux officiers de piquet ; les chefs de bataillon enverront l'ordre cacheté aux grand'gardes. »

Ce titre ne présente que confusion. On voit que si l'on s'y conformait, tout, jusqu'au mot d'ordre, devrait être publié par l'ordre du jour ; que toutes les dispositions, pour recevoir et transmettre cet ordre, seraient sur le pied de garnison ; que les ordres particuliers arriveraient aux corps sans l'intermédiaire du général de brigade ; que les officiers de piquet seraient mis à la place des officiers de police, dont ils tenaient lieu antérieurement à 1788 ; que l'ordre donné au cercle se confondrait avec l'ordre du jour ; qu'il faudrait admettre la dénomination inusitée d'adjudant-major de service pour la brigade (peut-être a-t-on voulu dire de piquet, fonction également prescrite et également inusitée); que, lorsque cet adjudant-major voudrait donner l'ordre, le chef de bataillon seul pourrait entrer au cercle.

Le projet présente un mode entièrement dégagé de ces incohérences.

Il remplace le mot *ordre du jour* par le mot *ordre de l'armée, de la division, de la brigade* ou *du régiment*. Sous le titre *des ordres*, il comprend les ordres particuliers qui ne concernent que les individus, ou qu'il est inutile de faire connaître aux troupes, et les ordres généraux qui intéressent la totalité de l'armée ou du corps auquel ils sont adressés. Enfin, on fait un titre particulier du *mot*, qui n'a aucun rapport avec les ordres et la manière de les communiquer.

Dans une armée qui est en campagne, l'ordre ne peut se donner tous les jours, et, cependant, au commencement de la guerre, en 1792, on s'était assujetti à cet usage, au point d'envoyer des ordonnances porter une feuille sur laquelle on n'avait habituellement à inscrire autre chose que ces mots : *rien de nouveau;* et encore cela n'a-t-il eu et ne pouvait-il avoir lieu que dans de petites armées, qui faisaient une guerre défensive et de position. Un autre motif du changement proposé par le projet, c'est que ces ordres, loin de se borner à des dispositions d'un jour, comprennent généralement des règles, des injonctions permanentes, etc. La dénomination d'*ordre du jour* est donc impropre.

Le projet propose de mettre à l'ordre de l'armée les éloges et les reproches à adresser aux corps ou aux individus. Washington employa le premier ce procédé qui, suivi dans la guerre de nos jours, a produit les plus heureux résultats.

Il n'est fait mention nulle part des officiers envoyés en mission sur le théâtre même de la guerre et dans des pays occupés par des postes ennemis. Il a paru utile d'indiquer les précautions principales que ces officiers ont à prendre pour éviter d'être enlevés.

L'usage de remplacer, pour le mot d'ordre, le nom d'un saint par celui d'un grand capitaine, a généralement prévalu. Cette innovation, déjà suggérée par Folard, était à consacrer, aujourd'hui que la France a tant de militaires dont on doit perpétuer la mémoire.

Enfin on a indiqué le moyen de remédier à la perte du mot d'ordre.

TITRE VI DU PROJET.

DE L'ORDRE A OBSERVER POUR COMMANDER LE SERVICE.

Titre VII. « De l'ordre à observer dans les brigades et dans les régimens, pour commander le service, et de la composition des détachemens et des gardes. »

Ce titre où il est question des prérogatives des grenadiers se tait sur celles des voltigeurs. Cependant, il convient d'assimiler les voltigeurs aux grenadiers; en effet, l'usage, d'accord avec la justice, les a mis en possession des prérogatives de ces derniers, et cela parce qu'ils combattent plus souvent, qu'ils entament les affaires, les soutiennent seuls quelquefois, et que ce sont pour la plupart de vieux soldats. D'ailleurs, les compagnies de voltigeurs ont remplacé celles de chasseurs, que les règlemens de 1776 et 1788 assimilaient aux compagnies de grenadiers pour le service à l'armée. D'un autre côté, s'il était autrefois possible d'exempter des différens tours de service, une compagnie de grenadiers, alors qu'elle n'était que la neuvième partie d'un bataillon, cette exemption ne pourrait plus avoir lieu aujourd'hui que les compagnies d'élite forment le quart de l'effectif, même le tiers; qu'elles sont composées des soldats les plus vigoureux, et qu'elles sont constamment tenues au complet. Aussi, l'usage s'est-il depuis long-temps introduit de faire concourir les hommes d'élite à tous les services armés, dans la même proportion que les fusiliers, et de leur accorder seulement l'exemption des corvées autres que celles de leurs compagnies. Le projet consacre cet usage, qui n'enlève pas au général en chef la facilité de réunir, pour une expédition, pour un coup de main, pour un service spécial, les compagnies d'élite d'une brigade ou d'une division.

Ce titre VII fait emploi du chef de bataillon de brigade pour commander le service de la brigade. Cette fonction était celle du chef d'état-major de brigade, qu'un major remplissait. Le service des sous-officiers et caporaux y est commandé par ancienneté de compagnie, en passant de la première à la dernière, ce qui faisait confusion et était sans motifs. Le service d'officier ou sous-officier, comme ordonnance près d'un général, est réputé corvée; ce qui n'est pas juste, puisque ce service conduit plus souvent que les autres aux coups de canon. La règle qui prescrivait de commander les corvées par la queue du contrôle ne repose sur aucun motif raisonnable, et n'est propre qu'à causer de la confusion. Les corvées sont un service que la nécessité justifie et ennoblit comme tous les autres ; elles sont très-souvent accompagnées de dangers. Il est plus simple de commander tous les services de la même manière, et de n'avoir qu'une seule liste.

Les règlemens antérieurs parlaient très-peu des travaux que les troupes ont à exécuter à la guerre pour se retrancher, pour ouvrir des routes, pour suppléer à l'insuffisance des troupes de l'artillerie et du génie, etc. Il en résultait qu'on apportait plus de soin à la manière de commander les détachemens qui étaient chargés de ces travaux, et qu'en les confondant avec les corvées, on semblait y attacher peu d'importance. Les travaux et les escortes destinées à les protéger forment un tour de service particulier.

Titre x. « De l'ordre à observer dans l'armée, pour commander les gardes et les détachemens. » — L'état-major des corps d'armée et des divisions devait tenir des contrôles pour les tours de détachement des généraux, des officiers supérieurs et des corps. — Les ordonnances de

1778 et 1788 avaient tracé, dans dix-huit articles, des dispositions très-embrouillées sur le tour des détachemens. L'ordonnance de 1792 a réduit ces articles à quatre, copiés par le règlement de 1809. On doit les regarder comme inutiles, hors le cas de siége, et cela, par les raisons suivantes : 1° La guerre défensive mène aux détachemens, et la guerre offensive a toujours dû être celle des Français ; 2° Les détachemens, au lieu d'être pris sur toute l'armée, ou sur toute une division, ou sur tout un corps, doivent être formés des troupes les plus propres à l'objet qu'on se propose, et les moins utiles d'ailleurs ; ce sont, tantôt les plus éloignées, tantôt les plus rapprochées de l'ennemi; 3° Au lieu de les constituer d'élémens étrangers entre eux, il faut les former de corps réguliers qui conservent leur ordre de bataille, les fractions ne donnant qu'une masse incohérente ; d'ailleurs, pour la plus grande partie des opérations isolées, on choisit le commandant, et plus ces opérations sont difficiles, plus il est important de lui laisser ses propres troupes ; c'est le moyen de suppléer au nombre. Il est d'expérience, dit avec raison Feuquières, qu'un corps s'intéresse toujours plus à une de ses parties qu'à un autre corps.

Titre VIII. « Des officiers supérieurs de piquet. »

—C'est encore un autre tour de service. Un colonel et un chef de bataillon de piquet devaient être commandés pour toute l'armée; ils devaient se trouver chez le général de division de jour, à l'heure de la garde. Le chef de bataillon devait remettre aux généraux du jour l'état des gardes. Lui et le colonel devaient les suivre dans la visite des postes, ou faire cette visite d'après leurs ordres. Le colonel ou le chef de bataillon devait, au besoin, réunir les détachemens par division. Un adjudant-major de piquet, par brigade, devait être nommé à l'ordre par le chef de bataillon de piquet; il devait avoir l'état des officiers à marcher dans sa brigade, et devait faire des rondes pour la police du camp, etc.

Ce titre, que n'avait point conservé le règlement de 1788, se rattache évidemment à l'organisation des anciennes armées. Ces officiers supérieurs de piquet n'ont pas plus été connus depuis la guerre de 1792, que les officiers généraux et supérieurs de jour. Il y aurait eu d'ailleurs conflit entre eux et ces derniers, à l'égard des postes extérieurs, de la réunion, et de l'inspection des piquets et des détachemens, et de la police du camp. Ainsi que cela a déjà été exposé dans le commentaire du titre 1er, chaque division, chaque brigade, chaque régiment garde son terrain, et fait sa police sous les ordres de ses chefs respectifs.

Quant aux adjudans-majors de piquet, ils n'ont pas existé non plus depuis la guerre de 1756. Le service qu'on leur trace se complique avec le service de semaine et celui des capitaines de police, remplacés par les adjudans-majors.

TITRE VII DU PROJET.

DE LA GARDE DE POLICE ET DU PIQUET.

Extrait analytique de l'examen du titre VI *du règlement de* 1809 (De la garde de police, de la garde du camp et du piquet), *fondu dans le titre* VII *du projet.*

Le piquet, la garde de police et le poste avancé présentent, dans le service qu'on leur assigne, la confusion qui se trouve partout dans les ordonnances. Le règlement de 1753 donna au piquet la police du camp; le règlement de 1778 la lui conserva; celui de 1788 la donna à une garde de police qu'il établit; le règlement de 1792, participant également des deux précédens, a conservé le piquet, la garde de police et même le poste avancé; le règlement de 1809 a copié celui de 1792.

L'origine du piquet remonte à une date antérieure à la paix d'Utrecht. A cette époque, on imagina de former un piquet de soldats, détachés de chaque compagnie, pour faire le pendant de la compagnie de grenadiers, et faire un service plus actif. Le règlement de 1753 confirma cet arrangement, et les piquets fournirent en effet, avec les grenadiers, les avant-gardes et les reconnaissances, jusqu'à la campagne de 1760, époque où M. le maréchal de Broglie autorisa, dans les régimens, la formation de compagnies de chasseurs, composées d'hommes choisis, et propres au service d'éclaireurs. Ces compagnies, supprimées à la paix, furent rétablies constitutionnellement en 1776, supprimées de nouveau en 1791, et rétablies encore en 1805, sous la dénomination de compagnies de voltigeurs. Nous avons de plus qu'en 1760, des régimens d'infanterie légère et de nombreux corps de chasseurs à cheval et de hussards.

Aujourd'hui, le piquet n'est plus qu'un nombre d'hommes destiné à renforcer des postes et à en former de nouveaux. Autrefois, il n'y avait qu'un capitaine de piquet par brigade ; maintenant que les régimens sont nombreux, et que les piquets ne se réunissent plus par brigade, il est nécessaire qu'il y ait un capitaine de piquet par régiment.

Avant le règlement de 1788, le piquet, ainsi qu'on vient de le voir, tenait lieu de garde de police. En 1788, on donna, pour le service intérieur, des règlemens dans lesquels on précisa le service de la garde de police des casernes. Le règlement de campagne, de la même année, introduisit dans les camps l'usage de cette garde, avec les mêmes fonctions relatives; c'était le moyen de conserver l'unité de service pour les camps et les cantonnemens. Mais, par une erreur et une contradiction qui se reproduisent partout, on a conservé à la garde du camp ses anciennes dénominations, quoique l'art. 6 du titre II de l'ordonnance de 1778 et l'art. 38, titre IX, de celle de 1788, déclarent qu'elle a lieu plutôt pour la police que pour la sûreté de l'armée. En effet, cette garde n'est qu'un poste avancé et détaché de la garde de police, un poste d'observation, chargé de surveiller les individus qui entrent au camp ou qui en sortent, un intermédiaire entre le camp et les grand'gardes, dont la position doit être déterminée par celle de ces gardes et par la nature du terrain. Ce poste avancé doit être chargé de la garde des hommes punis, parce qu'il y aurait de l'inconvénient à les laisser avec la garde de police, au milieu du camp, à proximité de leurs camarades et des cantines.

La garde de police et le poste détaché rendent les mêmes honneurs que les autres gardes; c'est le moyen de maintenir tout le monde au poste.

On a substitué, dans la nouvelle rédaction, à l'égard des gardes de police et des piquets, l'officier supérieur de semaine pour chaque régiment, à l'officier supérieur de jour par brigade, qui n'a jamais existé.

Les ordonnances de 1778 et 1788 composaient la garde du camp, le poste avancé, et même le piquet, d'escouades entières. Quelques militaires regardent cette méthode comme favorable, en ce qu'elle permet que la soupe se fasse aux postes; mais cela n'est guère praticable dans une armée vraiment active, et qui, par cette raison, n'a pas toujours des distributions régulières.

TITRE VIII DU PROJET.

DES GRAND'GARDES ET AUTRES POSTES EXTÉRIEURS.

Extrait analytique de l'examen des titres XIV, XV *et* XVI *du règlement de* 1809, *fondus dans le titre* VIII *du projet.*

Titre XIV. *Service des gardes dans leurs postes.*

« Tous les commandans de postes les feront retrancher ; les généraux de brigade y veilleront ; l'adjudant-major, de jour, de la brigade, enverra le mot d'ordre. Un poste qui aurait connu une troupe pour appartenir à l'armée, ne la laissera pas passer, à moins d'un ordre par écrit du chef de l'état-major ou du général de jour ; les étrangers et les déserteurs seront conduits au chef d'état-major de la division ; les hommes qui voudraient dépasser les grand'-gardes seront conduits à l'officier supérieur de piquet ; les gardes n'abandonneront leurs postes qu'en conséquence de l'ordre écrit de l'officier supérieur de piquet ; elles ne se laisseront pas relever par une troupe qui n'aurait pas été annoncée à l'ordre ; les consignes particulières et les nouveaux ordres seront donnés par les officiers généraux de jour, par les officiers supérieurs de piquet et ceux d'état-major général, qui les expédieront par écrit ou par billets du chef d'état-major de la division. Les postes feront prévenir le chef d'état-major de la division des nouvelles importantes de l'ennemi ; ils feront leurs rapports au chef de bataillon de piquet du corps d'armée. » Les articles 31, 32, 33, 34, 35, 36, 37, 38 et 39 répètent la manière de reconnaître une troupe ; l'art. 54 et les suivans jusqu'à 61 retracent, pour les petits postes, ce qui est dit pour les grand'-gardes, desquelles ils dépendent.

Il est inutile de s'étendre sur le peu d'usage qu'on a fait dans les dernières guerres de toutes ces dispositions, attendu qu'il a déjà été suffisamment expliqué que les officiers de jour et de piquet n'avaient point été mis en exercice, et que les chefs d'état-major d'armée et de division n'avaient plus la même part au service actif qu'avant le placement des généraux à la tête des divisions et des brigades. Ce titre a donc dû être refait dans son entier.

Titre XV. *Instruction pour tout officier commandant dans un poste fermé*. D'après cette instruction et le titre précédent, tous les postes doivent se retrancher, et se retrancher de la manière que le voudra leur commandant. Cette disposition, tirée de l'art. 271 du règlement de 1753, va trop loin ; elle permet des retranchemens solides à tous les officiers qui en auraient le goût et la volonté : ainsi, l'on verrait s'élever des redoutes sans rapports entre elles ni avec les localités, soit que la guerre fût offensive, soit qu'elle fût défensive, et quels que dussent être les projets du commandant en chef et les opérations générales de défense ou d'attaque.

Ordonner à tous les postes de se retrancher ou seulement de se couvrir par des levées de terre, c'est, d'une part, habituer les troupes à une sécurité dangereuse, et, d'une autre part, les rendre timides, et les conduire à l'opinion qu'elles ne sauraient être en sûreté que derrière une espèce de rempart. Ce système de se retrancher partout, en opposition aux principes de la guerre offensive, celle qui convient le mieux au caractère de la nation, a été celui de nos anciennes armées, si peu actives et si peu manœuvrières que, selon l'expression du comte de Saint-Germain : « elles croupissaient dans leurs camps, et étaient neuves le jour d'une bataille. »

L'expérience montre que les retranchemens, même les mieux établis, résistent rarement à une attaque vigoureuse ; que, dans un terrain ouvert, ils gênent les mouvemens, et font connaître les points qu'on a jugés importans. Il est donc préférable de n'y recourir que dans les pays montagneux, coupés, pour fermer des défilés, ou défendre des points que l'ennemi ne peut éviter en faisant une attaque ou en poursuivant après une bataille. Les grand'-gardes doivent n'avoir d'autre faculté que celle de se couvrir quelquefois en plaine par une simple levée de terre ou par des abatis.

Au surplus, un poste auquel l'instruction du règlement de 1778 pourrait s'appliquer, transcrite dans ceux de 1792 et 1809, ne devrait être établi que d'après les ordres du commandant de l'armée, même dans une guerre défensive, et ne saurait être commandé que par un officier supérieur ; il serait d'une importance telle, qu'il appartiendrait aux dispositions générales. Ainsi, l'on doit, ce me semble, laisser à la prévoyance du général le soin de donner les instructions sur le service à y établir et sur la durée de la défense, d'autant mieux que cela dépend de circonstances locales et militaires, et du degré de capacité et de fermeté de l'officier qu'on emploie.

Enfin, loin d'autoriser les avant-postes à se retirer si le poste n'est susceptible d'aucune défense, lorsque l'ennemi le menacera en force, et la cavalerie à se retirer, également sans même escarmoucher, il faut leur prescrire, au contraire, de prendre telle position qu'ils jugeront convenable, d'être mobiles, de combattre, soit réunis, soit dispersés, sans trop se compromettre, et de retarder, autant que possible, la marche de l'ennemi. Ils sont disposés habituellement comme le seraient les tirailleurs dans la marche et dans l'attaque; ils doivent donc tenir lieu de ceux-ci dans la défense, jusqu'à ce que l'armée soit en ligne, et que les troupes légères soient venues les relever. Quant aux postes retranchés, ils doivent tenir jusqu'à ce qu'ils aient consommé leurs munitions, qu'ils aient perdu même la plus grande partie de leur monde, et chercher ensuite à surprendre les postes ennemis pour regagner l'armée.

Le titre XVI, *des Sentinelles*, contient, sur la manière de relever, des dispositions de détail copiées de l'ordonnance de campagne de 1753, époque où ces dispositions venaient seulement d'être définitivement arrêtées. Ces détails sont aujourd'hui bien fixés, et tellement connus qu'on peut, sans inconvénient, les laisser à l'ordonnance du service des places, où ils sont déjà, et s'étendre ici de préférence sur ce qui est relatif aux sentinelles en rase campagne.

Évidemment ces trois titres : *du service des Gardes dans leurs postes ; Instruction pour tout officier commandant dans un lieu fermé*, et *des Sentinelles*, peuvent se renfermer dans un seul, celui *des Grand'gardes et autres postes extérieurs*.

Je pense que pour être bien dirigé, et soigneusement surveillé, le service des avant-postes doit être réglé par brigade, surtout d'après ce principe qui ne saurait être trop répété : que « chacun doit commander ses troupes et garder son terrain. » Les généraux et officiers supérieurs de jour, restreints au service par division, seraient restés étrangers aux brigades et aux régimens dont ils n'auraient pas été partie constitutive. Il se serait élevé entre eux et les chefs de ces corps, des conflits qui n'auraient guère pu être évités que par l'entier abandon du service des postes à des officiers inconnus aux troupes qui les eussent composés, et qui auraient eu de plus le désavantage de n'exercer sur elles qu'une autorité et une surveillance passagères.

Le service par brigade est avantageux encore, parce qu'il imprime à ce corps l'esprit d'unité qui lui est si nécessaire. Qu'on ne s'y trompe pas : l'action une fois engagée, le général de division, dans l'infanterie surtout, se borne le plus souvent à diriger ; on manœuvre et l'on combat alors par brigade.

Ainsi règlé, ce service devient en outre, pour les brigades isolées ou d'avant-garde, de même que pour des corps moins nombreux, une direction, un exemple, une méthode. Au surplus, lorsqu'il s'effectue par des brigades réunies, le général de la division reste le maître de le modifier, et de prescrire aux brigades les postes qu'elles doivent occuper pour se lier entre elles et pour couvrir leurs flancs.

TITRE IX DU PROJET.

DES DÉTACHEMENS.

Extrait analytique de l'examen du titre XVII *du règlement de* 1809, *fondu dans le titre* IX *du projet.*

Titre XVII. « Des détachemens, du rang que les troupes y garderont entre elles, et du rang que les officiers tiendront entre eux pour les commander. »

Les art. 4, 5, 6, 7 et 8, veulent que « les troupes soient placées dans l'ordre de bataille du détachement, selon le rang de leur brigade, mais que les officiers prennent celui de leur ancienneté, qu'ils portent leur brevet avec eux, et que le commandement ne soit dévolu qu'après qu'ils ont été confrontés; qu'à parité de grade et d'ancienneté de grade et de service, ce soit l'officier du plus ancien régiment qui ait la préférence. »

Ce très-vieux usage de placer aux sections d'un détachement les officiers selon leur ancienneté, n'est plus guère suivi que par ceux qui veulent s'astreindre à observer la lettre du règlement. Il embrouille tout, et enlève à chaque corps ses officiers ; inconvénient que le maréchal de Puységur, et après lui le comte de Melfort, avaient déjà signalé comme ayant été funeste dans les guerres qu'ils avaient faites.

Jamais les officiers n'ont représenté d'écrit ni de brevet pour justifier de leur ancienneté ; on doit les en croire sur parole. Au surplus, ils arrivent avec des troupes de leur corps où ils sont connus.

A parité de grade et d'ancienneté, ce n'est pas l'officier du plus ancien régiment qui commande : l'usage, conforme au règlement de 1788, veut que ce soit le plus ancien dans le grade antérieur.

Par les motifs indiqués dans l'analyse du titre VI du projet, il a été consacré en principe que les détachemens seraient habituellement composés de fractions constituées de régimens, telles que bataillons, escadrons, compagnies, pelotons ou sections, et que ce ne serait que par exception qu'on ferait marcher des détachemens composés d'hommes pris sur tous les escadrons ou toutes les compagnies d'un régiment. La discipline et l'administration gagneront également à cette innovation.

Hors le cas où un bataillon entier marchera, les compagnies d'élite ne seront envoyées en détachement que sur l'ordre exprès du général de division.

Il y a de graves inconvéniens à déterminer d'une manière précise le nombre de compagnies avec lequel un chef de bataillon doit marcher en détachement. Un détachement de deux ou trois compagnies peut avoir une importance telle, que la présence d'un officier supérieur y soit nécessaire. Il en est de même des détachemens de capitaines et de lieutenans. Le projet laisse à cet égard une grande latitude.

L'art. 25 et les suivans, jusqu'au 32e, reviennent sur les détails déjà prescrits pour les gardes à leur retour au camp. On en a conservé l'essentiel.

Les articles 34 et 35 du règlement de 1792, qui sont relatifs aux prises, et qui avaient été supprimés dans le règlement de 1809, ont été renvoyés au titre XI, *des Partisans*. Les troupes composant les détachemens ont, aux prises qu'elles font, le même droit qu'un corps de partisans. Il serait injuste et impolitique de vouloir les priver de cet avantage.

TITRE X DU PROJET.

DES RECONNAISSANCES.

Les règlemens précédens ont donné, sur les reconnaissances et découvertes, quelques détails utiles, mais épars, notamment dans le titre *des Détachemens et Escortes de convois.*

Il convenait de réunir tout ce qui est relatif à ce service; il fallait y ajouter les détails qu'on avait négligés, et distinguer les reconnaissances journalières des avant-gardes et avant-postes; celles dont le but est l'examen des positions, et celles qui ont pour objet d'apprécier réellement les forces de l'ennemi.

J'ai traité des reconnaissances journalières avec autant d'étendue que le comporte une ordonnance : *Jubeat lex, non suadeat,* disait L'Hôpital; mais, quel que soit mon désir de me conformer à cet axiome, il devient impossible de s'y astreindre, quand on veut prévoir la généralité des circonstances, particulièrement dans les règles du service de guerre. Une instruction, au contraire, devrait, autant qu'il est possible, les prévoir toutes, en comprendre les détails, et devenir ainsi une suite utile au règlement de campagne. Les principes étant posés, il n'y a plus qu'à en tirer le développement. Des tentatives plus ou moins heureuses ont déjà eu lieu, mais on pourrait les rendre plus complètes. Les matériaux ne manquent point et les bases sont maintenant suffisamment indiquées.

Les reconnaissances spéciales permettaient moins encore des prescriptions réglementaires, elles appartiennent à l'état-major, et doivent entrer, comme élément principal, dans une instruction particulière de ce corps. MM. de Lenchères, Bourcet et Vallongue, MM. Allent et Guilleminot, entre autres, ont fait, sur les reconnaissances, des travaux importans, et fourni des guides sûrs; mais ces exemples ne suffisent pas. Il faut enfin réaliser la pensée de Guibert, en donnant à l'état-major un ouvrage complet *sur la science de la reconnaissance du terrain, combinée avec la tactique.*

Quant aux reconnaissances offensives, le projet ne pouvait les envisager que sous le rapport du droit de les ordonner, et dans la vue d'éviter des engagemens fâcheux et imprévus. Elles se rangent parmi les opérations militaires.

TITRE XI DU PROJET.

DES PARTISANS ET DES FLANQUEURS.

Extrait analytique de l'examen du titre XXX (Des partis) *du règlement de* 1809, *fondu dans le titre* XI *du projet.*

Le titre XXX, *Des partis*, porte :

« Nul parti ne pourra sortir de l'armée qu'avec un passeport signé du général, et cacheté de son chiffre. »

« Les partis ne pourront être d'un moindre nombre d'hommes que celui qui sera stipulé par les cartels, lorsqu'il y en aura d'établis entre les puissances belligérantes. »

« Si le partisan n'avait point d'emploi dans l'armée, et qu'on lui eût donné un passeport et des soldats, il prendra deux parts, outre les six, comme chef. »

« Ceux qui auront vendu, dans le plat pays, les effets prétendus pris sur l'ennemi, seront réputés voleurs, etc. »

« Ces dispositions, sur lesquelles Antoine De-ville, Santa-Crux et Feuquières, entre autres, nous ont donné des détails, avaient été régularisées par une ordonnance de 1710. Elles appartiennent au temps où les armées, tranquilles dans leur camp, et n'ayant point de troupes légères, convenaient entre elles de laisser exercer par des détachemens, dirigés souvent par des aventuriers, cette espèce de petite guerre qui dégénérait en brigandage. Des parts de ses produits ont été long-temps revendiquées par les généraux, majors-généraux, gouverneurs, etc. Quelques ministres même demandaient, pour le roi, le cinquième de toutes les prises, ce qui était, selon Santa-Crux, couper les ailes aux partisans.

On ne sait pourquoi de tels arrangemens se sont perpétués jusque dans le règlement de 1809 et l'instruction de 1823. Celui de 1788, s'il eût été achevé, ne les aurait, certes, pas admis; la preuve en est dans la table, qui ne parle que des prises.

Le projet remplace complètement les vingt-cinq articles de ce titre XXX par cinq articles consacrés aux partisans et aux flanqueurs. On a cherché à préciser le but de tels détachemens, à fixer le droit de les ordonner, à indiquer les règles qui leur sont le plus nécessaires, les précautions à prendre pour dérober leur marche à l'ennemi, pour lui dresser une embuscade, la manière de choisir et d'employer les guides et les espions, et les moyens d'attaquer et d'enlever un convoi.

L'usage d'opérer une vente régulière des prises, et d'en répartir le produit entre ceux qui ont concouru à les faire, était tombé en désuétude dans nos dernières guerres. C'était à tort. Cet usage n'a jamais cessé d'être en vigueur dans la marine; il est observé avec une exactiude scrupuleuse dans l'armée anglaise; il contribue, mieux que toutes les défenses, à empêcher le pillage et les violences particulières.

TITRE XII DU PROJET.

DES MARCHES.

Extrait analytique de l'examen du titre XIX (Des marches), *du règlement de* 1809, *fondu dans le titre* XII *du projet.*

L'art. 1er porte que « les adjudans commandans, chargés en chef des marches dans chaque division, d'après l'ordre du chef de l'état-major général de l'armée, recevront du chef de l'état-major de la division celui de faire ouvrir la route du côté où la division devra marcher ; que, lorsque l'armée séjournera quelques jours dans un camp, des routes seront ouvertes en avant, en arrière et sur les deux flancs. » Ces dispositions, qui prescrivent d'envoyer à l'avance ouvrir des chemins, se sont perpétuées, depuis Brantôme, dans toutes les instructions et dans tous les règlemens militaires. Le règlement de 1770, d'où les détails ci-dessus sont tirés, n'occupait aux marches, pour toute l'armée, qu'un aide-maréchal-des-logis, qui devait avoir à ses ordres plusieurs officiers, et pour pionniers les troupes provinciales. Le règlement de 1792 et celui de 1809, donnèrent cette mission, le premier, à un adjudant-général, également pour toute l'armée; le second, à un adjudant-commandant pour chaque division. Cette disposition n'a pas été réalisée et n'a pas besoin de l'être, aujourd'hui que les communications d'une ville à une autre sont bien établies, qu'elles sont même multipliées, et que les armées belligérantes sont le plus souvent en présence.

D'après les six articles suivans, « chaque aile de cavalerie et chaque division d'infanterie forment une colonne; les lignes restent formées; l'armée, marchant sur quatre colonnes, la première ligne de cavalerie de l'aile droite marche avec la première division d'infanterie; la seconde ligne avec la deuxième division; l'aile gauche de cavalerie marche de même avec les divisions de gauche. Le même ordre est indiqué pour six colonnes. Les parcs d'artillerie des divisions marchent à la suite. » — Cet ordre de marche est propre à la formation des anciennes armées, qui présentait, dans l'ordre de bataille, toute l'infanterie au centre, et la cavalerie aux deux extrémités, sous le nom d'aile droite et d'aile gauche. Cette formation est indiquée, en 1809, dans le titre du *Campement* et dans l'*Instruction pour les combats*. Mais, depuis l'établissement du système des divisions; depuis qu'on a des avant-gardes permanentes, que les armées sont actives et manœuvrières, que le plus souvent elles attaquent, qu'elles font un meilleur emploi de leur feu, enfin qu'on a de l'artillerie légère et que la cavalerie galope (1),

(1) « On avait faussement cru en France que la vitesse était incompatible avec l'ordre : de là, la cavalerie ne savait pas manœuvrer au galop. » (*Essai de tactique.*) Ce n'est pas le seul endroit où Guibert ait parlé de l'ignorance profonde où était notre cavalerie avant la paix de 1763 : MM. de Turpin, de Rohan, et d'autres auteurs l'ont signalée aussi fortement. En effet, relativement à l'équitation, c'est seulement en 1764, qu'on établit pour la première fois des écoles où elle devait être enseignée; ce ne fut qu'en 1770 que quelques régimens en formèrent, et qu'en 1773, qu'une ordonnance les prescrivit à tous. Relativement aux manœuvres, la première ordonnance régulière, celle de 1755 est très-peu de chose; elle ne fait pas mention du galop, même pour la charge, qu'elle fait faire au trot. L'ordonnance de 1766 est la première qui en parle, et quoique meilleure que la précédente, elle est encore bien incomplète.

C'est celle de 1777 qui a commencé à donner quelques bons moyens d'instruction; mais celle de 1788 les a complétés. Simplifiée et mise dans un meilleur ordre en 1804, par une commission dont le digne général Canclaux fut l'âme, elle servira toujours de base à toutes les l'ordonnance de nos armées est différente ; elle ne saurait plus être uniforme.

Il est prescrit que « les jours de marche, le chef d'état-major de l'armée donne ordre aux

---

ordonnances à venir sur le même sujet. Nous faisons des vœux pour que ce travail, dont on s'occupe aujourd'hui, abrège le nombre et la forme des leçons, qu'il soit disposé d'après l'organisation en adoptant pour ses divisions l'école du cavalier, celle du peloton, d'escadron, de régiment, de brigade et de division ; que surtout ce diviseur carré, fictif autant qu'il est instantané, ce diviseur, qui oblige à de si fréquentes formations, qui mélange et confond tout un régiment, qui détruit les liens d'obéissance, et empêche l'unité d'action, ne soit plus conservé comme ordre unique et permanent. Nous désirons, au contraire, que chaque escadron soit habitué à manœuvrer quel que soit son nombre de files ; les meilleurs cavaleries de l'Europe n'ont cessé de nous donner l'exemple de ce système.

Mais ce mode appartient entièrement à l'escadron-compagnie : il en est inséparable et ne pourra s'exécuter utilement que lorsque l'organisation actuelle sera enfin achevée, c'est-à-dire, lorsqu'on aura bien compris qu'il y a une véritable économie, particulièrement en France, à avoir une nombreuse cavalerie, et lorsque chaque régiment aura ses six escadrons toujours prêts à entrer en campagne par le nombre, l'âge et l'instruction des chevaux, qui ne saurait être complète dans leur état de faiblesse. C'est alors seulement que cette ancienne organisation réclamée en France depuis vingt ans, sera appréciée à sa juste valeur.

tambours et trompettes de garde du quartier-général de battre la générale, et d'aller battant et sonnant jusqu'au plus prochain corps de la ligne, où ces signaux seront répétés, etc. »

Cela a pu être exécutable au camp de manœuvres de Vossieux, assis très-près du château où M. le maréchal était établi, et en vue duquel on fit peut-être cette disposition tirée du règlement de 1778, rédigé à l'occasion de ce camp. La méthode de battre la *générale*, chaque fois que l'armée doit marcher, a été reproduite dans tous nos règlemens depuis l'ordonnance de 1670, qui l'a prescrite la première. Cette batterie doit être réservée pour les cas extraordinaires, afin qu'elle ait son effet, qui doit être d'exciter la plus grande promptitude.

Toujours, conformément aux anciennes attributions des états-majors, le règlement de 1809 veut que « le chef d'état-major d'armée et ceux de division correspondent avec les troupes et les mettent en mouvement. »

On y compose chaque jour les avant-gardes « de bataillons de grenadiers » comme à l'époque où ils tenaient lieu de troupes légères avec les piquets ; « on fait marcher avec eux les officiers généraux de jour, de brigade, les officiers supérieurs de piquet et les chefs des différens états-majors. » — On voit que tout cela rappelle encore les armées de la guerre de 1756.

« Les nouvelles gardes marchent à la suite de l'avant-garde, les vieilles après les équipages qu'on place après l'artillerie de chaque division. » — En sorte que les compagnies sont morcelées, et bien moins propres à tout ce qu'on doit attendre d'elles.

Les articles sur la rencontre des troupes en route sont vagues, et n'ont jamais prévenu les discussions scandaleuses qui ont si souvent existé entre les chefs des colonnes, ni les retards qui en sont résultés. On a cherché dans le projet à pourvoir à cet objet autant que possible.

Enfin ce titre contient, comme tous les autres, une foule de dispositions de détail, introduites ou améliorées d'après les lumières acquises dans les guerres les plus actives.

TITRE XIII DU PROJET.

INSTRUCTION SOMMAIRE POUR LES COMBATS.

Extrait analytique de l'examen du titre XX *du règlement de* 1809 (Instruction pour les jours de combat), *fondu dans le titre* XIII *du projet.*

Cette instruction, que le règlement de 1788 n'avait point employée, est copiée de celui de 1778. Elle se compose de détails minutieux, de conseils timides, de préceptes qui ne sont plus en rapport avec nos systèmes.

« Lorsqu'on prévoira une action prochaine, les officiers supérieurs feront l'inspection des armes, les feront garnir de pierres neuves ; ils s'assureront que les soldats en aient de rechange, que les gibernes soient complètes et qu'on ait des épinglettes. —Les généraux, avant l'action, ménageront les troupes et les feront reposer avant le combat. On ne fera point quitter les sacs pour combattre. — Depuis le général jusqu'au soldat, chaque grade sera instruit, pour ce qui le concerne, des dispositions du général en chef. — On préviendra toujours les troupes de la proximité de l'ennemi, des efforts qu'elles auront à soutenir, si elles sont destinées à attaquer ou à attendre l'ennemi ; on leur expliquera toutes les dispositions dans l'un et l'autre cas, observant de ne pas marquer trop de mépris ou trop de crainte de l'ennemi ; car, s'il en arrivait autrement qu'on l'aurait annoncé aux troupes, elles seraient découragées. — Les officiers généraux et supérieurs donneront l'exemple de l'audace. — Les commandans des réserves seront instruits des corps qu'ils devront soutenir ou remplacer. — Il faut que l'armée soit bien mise en bataille, avec les distances nécessaires ; que les attaques, dans les différens points, s'exécutent en même temps. — L'armée se mettra en bataille sur deux lignes, à trois cents pas de distance, les réserves à trois cents pas en arrière. Les brigades s'aligneront entre elles, afin de ne pas se croiser en marchant. — L'artillerie dirigera son feu sur les troupes qu'on veut attaquer plutôt que sur l'artillerie ennemie. — Les troupes attaquantes marcheront bien droit devant elles, etc. Lorsqu'elles seront arrivées à cent pas de l'ennemi, elles redoubleront de vitesse ; mais, dès que l'ennemi sera rompu, elles reprendront le pas ordinaire, lent et raccourci. — L'infanterie légère et les grenadiers poursuivront l'ennemi. »

Le reste contient encore quelques détails de même genre.

L'extrait qu'on vient de lire montre suffisamment combien peu cette instruction offre de notions utiles. Elle a été composée à une époque où les militaires étaient encore divisés d'opinions sur les dispositions à faire pour se former et pour combattre. Elle devait être essayée au camp de manœuvre de Normandie; voilà pourquoi elle contient des détails d'exercice. Elle a été faite pour nos anciennes armées, et les recommandations timides qu'elle contient n'étaient rien moins que propres à établir cette confiance si nécessaire entre les troupes et leurs chefs. Elle dit, par exemple, qu'il faut, pour disposition préalable, « avoir toute l'armée en bataille, attaquer dans cet ordre, et faire usage de l'artillerie sur les troupes attaquées. » Si, en 1778, ces préceptes n'étaient pas appréciés à leur juste valeur, ils doivent l'être aujourd'hui, qu'une longue guerre a pu faire juger de tous les systèmes.

Il fallait donc refaire cette instruction, et, pour lui conserver son objet, on avait, en quelque sorte, à poser des principes de tactique, ce qui ne peut guère entrer dans le plan d'un simple règlement de service. Ce n'est donc que par l'obligation où l'on était de ne pas supprimer ce titre, qu'on s'est déterminé à rassembler, en peu de mots, quelques préceptes généraux, dont la connaissance n'est étrangère à aucun militaire de nos jours.

Ce titre du règlement de 1809, voulait encore : « que le lendemain d'une action, les généraux de brigade présentassent aux généraux de division les hommes qui se seraient distingués d'une manière particulière ; que les généraux divisionnaires les conduisissent eux-mêmes au général en chef, à qui ils rendraient compte en même temps des généraux et officiers supérieurs dont la conduite aurait le plus contribué au gain de l'affaire, afin de mettre le général en chef à portée d'en informer sur-le-champ Sa Majesté. »

On conçoit que des dispositions copiées des anciennes ordonnances ne soient plus exécutables dans les armées nombreuses et mobiles d'aujourd'hui. Ces dispositions sont d'ailleurs tellement incomplètes qu'elles ne font pas plus mention, en 1809 qu'en 1753, des officiers inférieurs.

Elles n'offrent point de garanties pour l'exactitude des faits ; elles ne peuvent mettre le général en chef à l'abri des surprises. Des individus qui n'auraient pas même paru sur le champ de bataille, pourraient donc recevoir des récompenses et l'honneur insigne de la mention au bulletin. Les plaintes ont été vives et unanimes à cet égard. Les dispositions prescrites dans le projet ont pour but d'y faire droit.

Cette modification est urgente et indispensable pour le bien du service, pour l'avantage surtout des individus. En effet, les intérêts les plus chers et les plus actifs des chefs de corps et des généraux de tous les rangs les engagent à rendre aux inférieurs, en campagne, la justice la plus impartiale et la plus entière.

Il semble, au premier coup-d'œil, que l'avancement et les récompenses en campagne, aient pour motif unique les vacances que la guerre entraîne, et les occasions qu'elle offre de se distinguer.

Ces deux causes exercent une grande influence, sans doute; mais, si elles étaient exclusives, il s'ensuivrait, qu'en temps de paix, les officiers d'une conduite irréprochable, dont le zèle ne se dément jamais, ni pour acquérir de l'instruction, ni pour la répandre, seraient sûrs de leur avancement. S'il n'en est pas ainsi, il faut reconnaître que les récompenses à la guerre et les récompenses pendant la paix ont des motifs distincts et peut-être opposés.

En effet, à la guerre, la source des grâces

se déplace ; elle abandonne le cours qu'elle suivait pendant la paix ; les régimens, groupés par brigades et par divisions, ne sont plus sans intermédiaires actifs et permanens. C'est la conduite, ce sont les belles actions, les succès des individus qui déterminent alors les distinctions et l'avancement des chefs de corps ; les résultats touchent surtout immédiatement la réputation et la gloire des généraux. Le général en chef, lui-même, tire souvent le plus grand parti de l'intelligence et de la valeur d'un simple officier, de même que l'incapacité ou l'irrésolution d'un inférieur peuvent compromettre le plan le mieux concerté et des chances de succès presque certaines. Les généraux, les colonels même ont donc l'intérêt le plus puissant, le plus direct à écarter les coteries des régimens, les menées de l'intrigue et de la faveur, pour récompenser le mérite partout où ils le trouvent, et pour animer l'émulation partout où ils en découvrent le germe. Le pouvoir de récompenser étant dans les mains de ceux qui ont un intérêt personnel et pressant à bien placer la récompense, chacun a droit, à la guerre, de tout attendre de ses talens et de son épée.

En temps de paix, au contraire, avec notre système de tenir les régimens isolés, chacun d'eux forme un corps particulier, dont le colonel est le chef suprême.

La mission passagère des inspecteurs ne parvient que bien rarement à tempérer les passions; elle ne peut arrêter que momentanément les effets de la partialité ou de vues ambitieuses; la sagacité du ministre le plus attentif ne saurait toujours démêler le véritable motif des propositions qui lui sont soumises. En procurant au mérite sans appui les récompenses qui lui sont dues, la justice resterait souvent gratuite pour celui qui l'aurait fait rendre. Il faut bien de la vertu pour défendre les droits légitimes contre la puissance de l'intrigue, ou de la faveur qui assure les intérêts de ceux qui se courbent devant elle, et repousse avec dédain ceux qui ont le cœur assez indépendant pour oser la combattre. Triste, mais presque inévitable effet des faiblesses de l'humanité! De bonnes institutions peuvent seules assigner des limites à cet abus. Il semble que la loi et l'ordonnance sur l'avancement ayant besoin de modifications sous d'autres rapports, devraient recevoir, à cet égard aussi, des perfectionnemens propres à prévenir la violation des sages principes qui en font la base.

TITRE XIV DU PROJET.

DES CONVOIS ET DE LEUR ESCORTE.

Extrait analytique de l'examen du titre XVIII *du Règlement de* 1809 (Instruction pour les commandans de détachemens et escortes de convois), *fondu dans le titre* XIV *du projet.*

Sous ce titre, toujours reproduit depuis le règlement de 1778, on traite *des détachemens et des escortes* en général, quels que soient leur objet et le grade de celui qui les commande. Ainsi, ce qui est relatif à l'avant-garde d'une armée, se trouve confondu avec ce qui concerne le détachement d'un sous-lieutenant.

Les principes et les détails répandus dans cette Instruction sont bons ; mais comme on a cherché à les rendre applicables à tous les cas, ils se trouvent n'être suffisans pour aucun.

Ce qui est relatif à l'avant-garde trouve naturellement sa place dans les marches et dans les dispositions pour combattre ; ce qui regarde les reconnaissances méritait un article à part.

On a cherché à mieux pénétrer les officiers des vrais moyens de protéger la marche d'un convoi. Ils trouveront ici et dans d'autres titres du projet les indications nécessaires pour se diriger dans le plus grand nombre des détachemens.

TITRE XV DU PROJET.

DES DISTRIBUTIONS.

Extrait analytique de l'examen des titres XXVI *et* XXVII *du Règlement de* 1809, *fondus dans le titre* XV *du Projet.*

Le titre XXVI, *des Distributions*, copié des règlemens précédens, contient des détails trop minutieux, et inexécutables à la guerre. On l'a réduit à treize articles plus appropriés à la manière de combattre d'aujourd'hui et dans lesquels on prescrit toutes les dispositions propres à empêcher qu'on ne fasse désormais des distributions un moyen de ressources pour la masse d'économie, du moins à l'insu des capitaines.

Le règlement consacrait les vieilles prérogatives de l'ancienneté des corps. Il en résultait que les derniers numéros, bien qu'ils combattissent et eussent besoin d'être prêts en même temps que les autres, étaient servis souvent avec insuffisance et toujours très-tard; il en résultait encore que ces mêmes numéros ne pouvaient, faute de temps, user de leurs distributions. Leurs réclamations pour qu'on alternât entre les premiers et les derniers numéros, étaient donc d'accord avec l'intérêt du service.

On pense que c'est plutôt au titre des *Distributions* qu'à celui des *Equipages* et des *Vaguemestres* qu'on doit placer le tarif des distributions, et tout ce qui y est relatif. Voici les observations que cet objet fait naître.

Le taux fixé pour les distributions par le règlement de 1809 est encore conforme aux bases adoptés en 1793, époque où l'on voulait diminuer l'intervalle des grades et ménager les ressources du territoire national, sur lequel alors l'armée combattait. Mais les distributions effectives ont été, pour les grades supérieurs, bien au-dessus de cette fixation et même de ce qu'exigeaient les besoins. On s'était tellement habitué à un nombre excessif de voitures et de chevaux, que des commandans d'armée, qui devaient donner l'exemple, excitaient sous ce rapport autant d'improbation que de surprise. Il y avait loin de cette surabondance à la sage réserve des généraux de Frédéric : ce monarque ne permettait en campagne, aux princes de sa maison, que six chemises; on a vu le prince Henri n'avoir, quand il commandait une grande armée, que douze mulets pour tous ses bagages, sa tente, sa chancellerie, etc.

Il résulte du taux actuel et de la nécessité où sont les officiers de le dépasser, que, dans les corps, les lieutenans et les sous-lieutenans, qui ont évidemment un service aussi actif que les capitaines, et même plus actif dans les troupes légères, obtiennent du colonel un cavalier monté pour conduire leur cheval de rechange.

Si le colonel exige qu'ils aient un domestique, l'officier est réduit à un seul cheval, et le colonel ne peut plus lui refuser un cheval de troupe (celui quelquefois du meilleur cavalier), dans le cas très-fréquent où le sien ne peut être monté. Cette tolérance s'étendant par usurpation aux autres grades, on a vu très-souvent des cavaliers mis à pied pour le service des officiers, d'autres, bien que montés, enlevés des rangs pour conduire des chevaux de main, et cela nonobstant des défenses formelles, entr'autres celle du 6 mai 1809.

Les colonels qui aiment que leurs officiers aient plus de chevaux que n'en accorde l'ordonnance, ne les obligent point, attendu que l'excédant n'est que pour un temps indéterminé, à avoir des domestiques, et leur permettent des cavaliers. Quand les rations sont données en compte, on suppose des chevaux en plus ou l'on diminue la ration pour nourrir ceux qui dépassent le nombre voulu.

On n'est pas fondé à objecter que des lieutenans et des sous-lieutenans de cavalerie ne peuvent entretenir un domestique, car il est notoire que le plus grand nombre de ces officiers ont de la fortune, et que, pour les autres, ce surcroît de dépense en temps de guerre, est compensé par beaucoup d'avantages.

Dans l'état-major, il est visiblement impossible que les officiers soient bornés à deux ou trois chevaux, d'autant mieux que, plus ils sont jeunes et inférieurs en grade, plus ils sont chargés de courses. Tous ont au moins le double de chevaux de ce qui leur est alloué; les généraux font nourrir ces chevaux d'autorité. Souvent des cavaliers d'ordonnance sont démontés pour donner leurs chevaux aux officiers d'état-major; plus souvent encore ils sont employés à conduire des chevaux de main.

Dans l'infanterie, on réclame en faveur des officiers supérieurs et des capitaines. Il est certain que les premiers n'ont pas assez de chevaux en campagne; et qu'en accordant un cheval aux capitaines, on leur rendrait une considération qui n'est jamais sans intérêt pour le service.

Il n'est pas moins sensible que si, dans l'infanterie comme dans la cavalerie, les officiers revêtus des principaux grades obtenaient ce qu'il leur faut indispensablement, ils s'opposeraient davantage à des exceptions dont eux-mêmes n'auraient pas besoin.

Les officiers n'auraient jamais dû être aussi restreints qu'ils le sont dans la faculté d'avoir des chevaux pour la guerre. Le grand Frédéric voulait qu'on donnât la ration pour tous ceux que les officiers présenteraient. Les Autrichiens, aujourd'hui encore, sont très-larges à ce sujet; outre trois chevaux que les sous-lieutenans sont autorisés à avoir, on leur en entretient constamment un de troupe. Autrefois, en France, on n'accordait que deux rations au colonel, et une aux autres grades en temps de paix; mais à la guerre on en passait, d'après Feuquières, seize au premier, et quatre aux derniers grades (même aux sous-lieutenans). Les aides-de-camp, sous Louis XIV, avaient quinze rations, et ce n'étaient plus des aides-de-camp ayant commandement. Dans les guerres de 1740 et 1756, selon Melfort, les aides-de-camp des princes en avaient huit, et ceux des autres généraux six. Le règlement de 1778 comprenait les rations dues aux aides-de-camp dans les quarante qu'il passait aux lieutenans généraux, et dans les trente qui étaient allouées aux maréchaux de camp. Le règlement de 1788 leur en accordait cinq, le règlement de 1792, celles de leur grade sur le pied de la cavalerie; celui de 1809 a ajouté une ou deux rations, selon qu'ils appartiennent à des généraux d'infanterie ou de cavalerie; mais cette fixation a été détruite par le tarif décrété le 30 juin 1810.

Le règlement de 1809 seul décide que le tarif des rations ne sera que de moitié dans un poste stable, comme si quelque poste pouvait être stable à l'armée; comme si les officiers de l'armée et de l'administration n'étaient pas appelés sans cesse d'une place en arrière à une place avancée, d'une division d'observation à une division active.

Si l'on prétend que les rations doivent être réglées sur ce que peut fournir le pays le moins abondant, on peut répondre que l'Allemagne entière n'offre pas de difficulté, et qu'en tout état de choses, si les circonstances font diminuer les ressources, la quantité de chevaux diminuera d'elle-même; seulement les bons chevaux resteront. Par cette raison seule, il faudrait déjà que les officiers en eussent un bon nombre au début de chaque campagne.

Au surplus, on a pensé qu'une ordonnance

sur le service de campagne ne comportait pas un tarif des rations, et que ce tarif devait avoir lieu pour chaque armée, selon sa destination et le pays qu'elle doit occuper. Une armée d'observation dans les Alpes et les Pyrénées, ou même dans d'autres localités, doit avoir des fixations autres que celles d'une armée offensive, etc.

Titre XXVII, *des Fourrages*. — L'ordonnance de 1778 a ajouté beaucoup de détails minutieux aux dispositions de même nature prescrites pour les fourrages à l'armée de Flandre, de 1744 à 1748, et, plus tard, par le règlement de 1753. Le règlement de 1788 n'avait point copié, à cet égard, l'ordonnance de 1778; s'il eût été achevé, il aurait tracé d'autres règles, tandis que le règlement de 1792 a transcrit en entier cette ordonnance; on en a fait de même en 1809.

Depuis 1792, on n'a pas, pour ainsi dire, vu faire des fourrages comme le veut le règlement. On a toujours eu des magasins formés par des entrepreneurs ou par les autorités locales. On a pris l'excellent parti de ne plus faire camper la cavalerie : il en est résulté qu'elle trouve partout la subsistance de ses chevaux, et le plus souvent celle de ses hommes, et qu'elle peut faire des marches plus longues et plus rapides, parce qu'elle est sûre de rencontrer des ressources et un abri.

Au surplus, quand il s'agit de faire des fourrages à portée de l'ennemi, les dispositions à cet égard rentrant dans celles qui règlent la marche en avant et l'occupation momentanée d'un pays, c'est à l'officier supérieur commandant le fourrage à les déterminer d'après les localités, les circonstances et les forces des troupes respectives.

TITRE XVI DU PROJET.

DES ÉQUIPAGES, DES VAGUEMESTRES, DES VIVANDIERS, DES BLANCHISSEUSES ET DES MARCHANDS A LA SUITE DE L'ARMÉE.

Extrait analytique de l'examen des titres 1er, XXI *et* XXII *du Règlement de* 1809, *fondus dans le titre* XVI *du projet.*

Ce titre commence par des détails qui ne sont pas à leur place. La fixation des voitures des officiers généraux et autres, ainsi que des corps, présentait des différences trop légères pour être conservée, et d'ailleurs compliquait le service.

Le Règlement trace encore le service des vaguemestres, comme le faisait l'ordonnance qui les créa, ordonnance qui date de plus d'un siècle. Aujourd'hui les vaguemestres des corps sont des sous-officiers qui ne reçoivent d'ordres des vaguemestres de division et de corps d'armée, que lorsque les équipages sont réunis. Les ordres de départ sont donnés par les chefs des troupes. Il y avait aussi conflit entre les vaguemestres, la gendarmerie et les officiers d'état-major des corps, pour les équipages.

Le titre XXI *des Equipages du grand quartier général*, était à fondre dans le titre XVI du projet. L'ordre qui est établi devait être conservé. Les articles ont été classés comme il convient dans l'ensemble de ce titre XVI et dans celui *de la Gendarmerie*.

Titre XXII. — *Des Vivandiers*. Ce titre, pour ce qui regarde le nombre et les voitures des vivandiers, a semblé pouvoir également se fondre avec celui des équipages. On a encore simplifié ce qui est relatif à ces individus; et par le principe qu'il faut permettre ce qu'on ne peut empêcher, les colonels sont autorisés à laisser exercer l'état de vivandier, par de vieux soldats mariés, sous la condition que leurs femmes blanchiront le linge. C'est le moyen d'avoir des femmes pour le blanchissage; car celles qui ont la patente de blanchisseuse exercent presqu'exclusivement le métier de vivandière.

TITRE XVII DU PROJET.

GENDARMERIE, POLICE GÉNÉRALE.

Extrait analytique de l'examen des titres XXIII, XXIV *et* XXV *du Règlement* 1809, *fondus dans le titre* XVII *du projet.*

Titre XXIII, *Police et discipline :*

L'article 24 ordonne que les « chevaux des déserteurs ennemis soient conduits au grand quartier-général. » — Il n'est pas étonnant que cet article ne soit jamais exécuté : comment, en effet, refuser à un général de division la faculté de disposer des chevaux des déserteurs, et vouloir que les officiers des grands quartiers-généraux en soient gratifiés, plutôt que ceux des divisions bien moins favorisés en beaucoup de choses. Il est plus simple et plus juste d'effectuer la vente au quartier-général divisionnaire après l'avoir annoncée par l'ordre du jour. Les officiers des grands quartiers-généraux ont moins besoin de cette ressource que ceux des divisions, et surtout des régimens. Ce procédé sera le même pour les chevaux des prisonniers isolés. Tout ce qui peut fortifier le système divisionnaire et l'esprit de corps dans la division, cette légion des modernes, doit être soigneusement recueilli et adopté.

L'article 8 porte « qu'on mettra à l'ordre les soldats qui s'enivreront étant de service, et qu'on les privera d'aller à l'ennemi. » — Cela n'a été prescrit par aucun règlement, et tous les officiers des corps diront combien cette mesure est peu praticable. Elle put avoir du succès au siége de Port-Mahon, mais il suffit qu'elle devienne un article de règlement pour qu'elle n'en obtienne plus.

L'article 10 fait perdre le tour à celui « qui étant le premier à marcher, sortira du camp. » Cette disposition, également nouvelle, est très-sujette à abus : il en résulterait que les hommes sages monteraient la garde à la place des maraudeurs.

Titre IV. *Répression des délits.*

D'après les articles 1er et 2, « le commandant de la gendarmerie de l'armée, fait les fonctions de grand-prévôt, et le commandant de la gendarmerie du corps d'armée, celles de prévôt. Il doit y avoir, au quartier-général de l'armée, et à celui de chaque corps d'armée, un tribunal prévôtal composé de trois membres. »

Dans la campagne de 1809 on désira de remonter la discipline; l'existence d'un prévôt, dans les anciennes armées, avait été sans doute un moyen puissant de l'entretenir; mais on n'a point vu que la différence des temps, des constitutions et des guerres, devait influer sur la manière d'apprécier les désordres et de les punir. On a introduit la dénomination de *grand-prévôt* et de *prévôt*, sans retracer les attributions de ces charges qui, dans les armées, datent du quinzième siècle; sans déterminer de nouvelles attributions, ni considérer que les anciennes étaient inhérentes à la maréchaussée et à l'ancienne organisation de la justice en France; sans remarquer encore que dans les guerres précédentes il y avait, outre la grande prévôté, un prévôt, des archers et un exécuteur par régiment, et que toutes les défenses portaient avec elles la peine de leur infraction.

Ce titre XXIV établit que le tribunal prévôtal « est institué pour appliquer les peines cor-« rectionnelles aux vivandières, aux blanchisseuses et aux domestiques; » et l'article 17 du titre Ier veut « que ceux qui s'écarteraient de

« l'ordre de marche ou qui voudraient s'enfuir « soient traduits au conseil de guerre. » — Sans s'arrêter à cette contradiction, on doit convenir que les cas justiciables de la prévôté n'étant pas déterminés, la forme et l'exécution des jugemens de ce tribunal ne l'étant pas non plus, cette institution reste, pour ainsi dire, sans objet. Les règlemens de 1778 et 1788 avaient établi des caporaux de prévôté, et leur avaient donné un uniforme très-remarquable; ces caporaux devaient suivre le détachement de prévôté dans les marches, et appliquer sur-le-champ les peines afflictives, c'est-à-dire, la bastonnade aux délinquans, ce qui était raisonnable quant à la célérité; car il faut que les hommes ne soient point enlevés à leur service, que les délits à la guerre soient punis immédiatement, puisque l'à-propos de ces punitions instantanément répressives, en garantit seule l'efficacité.

Quant aux soldats, un tribunal prévôtal par corps d'armée ne serait pas suffisant. La guerre entraîne trop de désordres, et les armées ont trop de mobilité. Aussi y avait-il anciennement une prévôté par régiment, bien que les armées ne quittassent guère leurs camps

Nos lois pénales pour la guerre ont besoin

d'être revues, et l'on s'en occupe; jusqu'à ce qu'elles soient réformées, il serait assez difficile de faire une part à un tribunal prévôtal.

Il serait à désirer que, suivant l'exemple donné par le grand Frédéric, tous les domestiques fussent assujettis à porter une livrée. La police serait ainsi plus facile à l'égard de ces sortes de gens, et les soldats seraient moins tentés de chercher une augmentation de bien-être dans la domesticité.

Le projet actuel charge les prévôts de protéger les habitans des pays occupés, contre le pillage et les violences; de poursuivre tous les crimes et délits commis dans l'arrondissement de l'armée; de faire les informations préalables; de rechercher et d'arrêter les prévenus et de les renvoyer devant le général de la division, avec les pièces de conviction et tous les documens qui ont pu être recueillis. Il les charge encore de suivre ou de faire suivre les colonnes pour arrêter les pillards et faire rejoindre les traîneurs; il met sous leur police spéciale les vivandiers, les marchands, les domestiques et tous les individus non militaires.

L'article 3 restreint aux « commandans de « gendarmerie, le droit de requérir la forma-

« tion des commissions militaires et des con-« seils de guerre. » Le droit de convoquer les conseils de guerre appartient au général d'armée et aux commandans de division ; il en est de même à l'égard des commissions militaires ; le droit de les former doit être conféré à ces officiers généraux par la loi pénale qui est à intervenir.

Titre XXV : *Gendarmerie.*

Ce titre, tout relatif aux officiers de gendarmerie, n'explique en rien le titre et la qualité de grand-prévôt qu'il leur donne ; nouvel exemple du peu de soin qu'on met à rendre les règlemens intelligibles et d'une sûre application. Le règlement de 1809 a ajouté aux règlemens antérieurs six articles, la plupart surabondans.

La gendarmerie est souvent employée au service d'ordonnances, à l'escorte des bagages, à la conduite des prisonniers, etc. C'est tout à la fois nuire à la considération dont il est si important de l'environner, et se priver de ce puissant moyen de contenir la troupe, surtout les soldats isolés.

TITRE XVIII DU PROJET.

DES SAUVE-GARDES.

Extrait analytique de l'examen du titre XXIX *du règlement de* 1809 (des sauve-gardes), *fondu dans le titre* XVIII *du projet.*

Pourquoi ne réunirait-on pas au moment de la guerre les hommes les plus valides des compagnies de sous-officiers sédentaires pour en former des compagnies de sauve-gardes, qu'on compléterait au besoin avec des gendarmes à pied? Une section de compagnie serait attachée à chaque corps d'armée. Une compagnie de cette sorte existait sous Louis XIV (1) ; elle était composée d'hommes choisis, et les ordonnances défendaient de forcer ces sauve-gardes sous peine de mort.

Ces compagnies auraient encore l'avantage

---

(1) Ordonnances des 5 mai 1692, 6 avril 1668 et 1er mai 1701.

de ne pas priver l'armée de gendarmes à cheval, de bons sous-officiers ou de vieux soldats éprouvés; car les sauve-gardes ne peuvent être désignées au hasard.

Je propose également de les faire jouir des mêmes droits que la gendarmerie. Cette dernière arme a dans l'opinion une force morale telle, que le soldat qui résisterait à un officier n'a pas même la pensée de résister à un gendarme, parce que l'officier se fâche, bat peut-être, mais pardonne, tandis que le gendarme verbalise et fait aller au conseil de guerre; enfin on ne pourrait, à défaut de gendarmes, employer que des sous-officiers ou de vieux soldats, qui sont bien plus précieux à conserver dans les rangs.

TITRE XIX DU PROJET.

DES SIÉGES.

Extrait analytique de l'examen du titre XXXVI *du règlement de* 1809 (des siéges), *fondu dans le titre* XIX *du projet.*

Ce titre présentait 88 articles, la plupart chargés de détails suraboudans, ou rentrant dans l'ordre habituel du service.

Ainsi que les autres titres du règlement de campagne, celui-ci avait pour base la constitution des armées de Louis XIV et de Louis XV. Quoiqu'on n'ait pas abrogé ces règles, le temps en a remplacé ou fait tomber beaucoup et des principales : les bataillons montent la tranchée sans bruit de caisse et dans un grand silence, les grenadiers forment les réserves ; les voltigeurs fournissent des tirailleurs et des postes avancés : les colonels de tranchée cèdent les détails du siége à des officiers supérieurs du génie, et ne s'occupent plus que de faire servir et travailler leurs troupes : les travailleurs, autres que les auxiliaires des sapeurs, des mineurs et de l'artillerie, ne sont plus payés, etc. On s'est attaché à régler le service de l'infanterie d'une manière à la fois simple et précise, afin de rendre la confusion impossible et d'éviter aux troupes des fatigues inutiles.

Le règlement de campagne proposé, ayant pour but principal de mettre un terme à toute incertitude sur la manière de servir, et surtout à tous les conflits nés de l'incohérence ou de l'insuffisance des anciens règlemens, devait chercher à prévenir ceux qui se manifestent fréquemment entre l'artillerie et le génie dans les siéges.

TITRE XX DU PROJET.

DE LA DÉFENSE DES PLACES.

Extrait analytique de l'examen du titre XXXVII *du règlement de* 1809 (de la défense des places en état de siége), *fondu dans le titre* XX *du projet.*

Au lieu du titre XXXVII du règlement de 1809, qui est extrêmement incomplet, on a introduit dans le projet des dispositions tirées en partie du décret du 24 décembre 1811, et en partie d'un nouveau projet de règlement sur le service dans les places de guerre, parce qu'il est important que l'officier jeté dans une place occupée par suite du progrès des armées et chargé de la défendre, trouve la base de sa conduite dans le règlement de service en campagne.

TITRE XXI DU PROJET.

DISPOSITIONS GÉNÉRALES.

Les titres des « honneurs militaires, des honneurs funèbres, des décès et scellés » ont fait la matière d'ordonnances spéciales. On a donc cru qu'il était inutile d'en surcharger le règlement ; ce qui concerne les honneurs se trouve d'ailleurs déterminé par l'usage, et par le règlement sur le service des places.

L'utilité de n'avoir qu'un seul règlement pour toutes les armes, l'intérêt de la clarté et la simplification, ont exigé qu'on n'employât pas toujours les dénominations des grades des troupes à cheval. Au surplus, les motifs originels des dénominations en usage dans la cavalerie, sont tellement effacés par le temps, qu'il serait sans inconvénient de dire, comme en Autriche, *un caporal de cavalerie.*

Il serait désirable qu'un règlement de campagne qui détermine le service des avant-postes et présente quelques autres détails instructifs, ne reçût pas de publicité à l'étranger.

Le grand Frédéric réussit à tenir secret pendant très-long-temps le sien, imprimé en 1744. En effet, il ne parut en France, qu'après la paix de 1763; mais aujourd'hui les relations entre les différens peuples sont établies de telle manière que toute précaution à cet égard serait inutile.

FIN.

Ordre général à laisser aux corps.

105. En quittant le corps, l'inspecteur laissera, sur les différen parties du service, un ordre dont il aura préparé les matériaux des notes journalières.

Cet ordre général ne commencera plus, comme il arrive trop co munément, par des éloges directs adressés au colonel et à d'aut officiers, éloges qui doivent être circonscrits dans les notes indi duelles et dans les rapports au Ministre.

Il contiendra toutes les défenses, prescriptions et recommandati qui auront paru à l'inspecteur général résulter de ses observatio

106. Dans les divisions de l'armée du Nord et dans les autres visions ou brigades actives, cet ordre parviendra aux régimens l'intermédiaire du maréchal de camp de la brigade, lequel deme chargé d'en surveiller la ponctuelle exécution.

Il sera remis directement aux corps qui ne sont point embrigad mais copie en sera en même temps adressée au lieutenant général la division territoriale, qui lui-même en adressera une expéditio chaque général commandant de subdivision, qui tiendra la main à qu'il soit observé.

107. L'inspecteur adressera à l'intendant militaire l'extrait de ordre général, en ce qui concerne l'administration et la comptabili et les reproches ou recommandations qu'il aura été dans le cas de fa aux conseils d'administration.

108. L'ordre général doit être inscrit au livret de l'inspection, registre des délibérations du conseil, et mis à l'ordre du régiment.

Comptes à rendre.

109. Aussitôt que le travail d'un corps sera terminé, l'inspect adressera au Ministre les états du livret d'inspection et les pièc l'appui; il mettra sous double enveloppe avec cette suscripti *Pour le Ministre seul* » le cahier des notes des officiers et états formant la seconde partie du livret.

Les inspecteurs généraux adresseront, pour les corps de l'armée Nord, un résumé de leur inspection au maréchal commandant en c

Ils adresseront un semblable résumé aux lieutenans générau divisions territoriales pour les divisions, brigades et régimens qui font point partie de l'armée du Nord.

Lorsque l'inspecteur général aura passé la revue de la totalité corps, il adressera au Ministre également, sous double couvert, rapport général et confidentiel, dans lequel il consignera son opi sur l'état physique, moral et matériel de tous les corps de son pection.

Ce rapport doit être fait sur l'ensemble de chaque inspection, prenant pour base les différens titres de service, dans l'ordre où

[illegible]

[illegible] sard. Paris, [illegible] vol. [illegible]

[illegible]. G[illegible] *[illegible] de César*, avec [illegible] 1 vol. in-8, pl. [illegible]

César. Ses Commentaires, [illegible] men de l'analyse [illegible] par M. de Vaudrecourt, [illegible] 1787, 2 vol. in-8. [illegible]

[illegible] (les) de l'histoire, contenant : Discours [illegible] universelle, par Bossuet; Histoire des Révolu[illegible] Considérations sur les causes de [illegible] et de la décadence des Romains, par Montesquieu, 1 vol. in-8. [illegible]

[illegible]. Recherches d'antiquités militaires, avec la [illegible] Folard, contre les [illegible] 1 vol. in-4°, 8 pl. [illegible]

M[illegible]. Institutions militaires [illegible] traduites en français [illegible] suivies d'une dissertation sur le feu grégeois [illegible] 2 vol. in-8, avec 14 planches [illegible] au *Traité des Machines*. [illegible]

Sainte-Croix. Examen critique des anciens [illegible] seconde édition, revue et augmentée [illegible]

Jomini. Traité des grandes [illegible] toire critique et militaire [illegible] comparé au système moderne, avec un Recueil des [illegible] les plus importans de l'art de la guerre, *troisième édition*. 3 vol. in-8, avec atlas [illegible] planches [illegible] d'un cahier de [illegible] le tableau analytique [illegible] les combinaisons de la guerre, et de leurs [illegible] politique des Etats, pour servir d'introduction [illegible] *grandes Opérations*. [illegible]

[illegible]

Vie [illegible] par lui-même, imprimée par *Didot*, 4 vol. [illegible]

www.ingramcontent.com/pod-product-compliance
Ingram Content Group UK Ltd.
Pitfield, Milton Keynes, MK11 3LW, UK
UKHW012230240726
13966UKWH00003B/1031